新完全マスター 文法

日本語能力試験 N4
ベトナム語版

友松悦子・福島佐知・中村かおり 著

スリーエーネットワーク

©2015 by Tomomatsu Etsuko, Fukushima Sachi, and Nakamura Kaori

All rights reserved. No part of this publication may be reproduced, stored in a retrieval system or transmitted in any form or by any means, electronic, mechanical, photocopying, recording, or otherwise, without the prior written permission of the Publisher.

Published by 3A Corporation.
Trusty Kojimachi Bldg., 2F, 4, Kojimachi 3-Chome, Chiyoda-ku, Tokyo 102-0083, Japan

ISBN978-4-88319-725-5 C0081

First published 2015
Printed in Japan

はじめに

　日本語能力試験は、1984年に始まった、日本語を母語としない人の日本語能力を測定し認定する試験です。受験者が年々増加し、現在では世界でも大規模の外国語の試験の一つとなっています。試験開始から20年以上経過する間に、学習者が多様化し、日本語学習の目的も変化してきました。そのため、2010年に新しい「日本語能力試験」として内容が大きく変わりました。新しい試験では知識だけでなく、実際に運用できる日本語能力が問われます。本書はこの試験のＮ４レベルの問題集として作成されたものです。

　まず「問題紹介」で、問題の形式とその解法を概観します。次に「実力養成編」で必要な言語知識を身につけるための学習をします。最後に「模擬試験」で、実際の試験と同じ形式の問題を解いてみることによって、どのくらい力がついたかを確認します。

■本書の特徴

①旧出題基準３、４級、公式サンプル、公式問題集などを参考に、Ｎ４の試験で出題されると予測される項目を集積。

②初級の文法項目を概観できるように編成。初級の基礎を固めつつ、Ｎ３レベルにつながる学習を目指すことを示唆。

③簡潔な解説と豊富な練習問題。左ページで学習したことをすぐに右ページで練習できるように配置。

④解説はベトナム語の翻訳つき。

　言語によるコミュニケーションをより良いものにするためには、言いたいことが正しく相手に伝わる文を作ることが大切です。そのためには、初級の基本的な文法学習をおろそかにしないで、土台をしっかり固める必要があります。

　本書が日本語能力試験Ｎ４の受験に役立つと同時に、Ｎ３の受験への足がかりになること、そして何よりも、日本語を使ってやりとりする際に役立つことを願っています。

　本書を作成するにあたり、第一編集部の井手本敦さん、田中綾子さん、佐野智子さんには大変お世話になりました。心よりお礼申し上げます。

著者

目次　Mục lục

はじめに
本書をお使いになる方へ viii
Thân gửi bạn đọc xii
この本に出てくる人物 xvi

問題紹介 2
Giới thiệu dạng bài 6

形の練習　Luyện tập về các dạng thể

1. 動詞のグループ　Nhóm động từ 12
2. て形・た形 14
3. ていねい形とふつう形
   Dạng lịch sự và dạng thường 16
4. 可能の形　Dạng khả năng 18
5. 「～ば・～なら」の形 20
6. う・よう形 22
7. 受身の形　Dạng bị động 24
8. 使役の形　Dạng sai khiến 26
9. 使役受身の形　Dạng bị động sai khiến 28

実力養成編　Luyện phát triển kỹ năng

第1部　意味機能別の文法形式
Phần 1: Các hình thức ngữ pháp phân chia theo chức năng ngữ nghĩa

1課 32
　1．～より…／～ほど…ません
　2．～より～のほう
　3．～と～とどちら

2課 34
　1．～ながら…
　2．～ところです
　3．～まで…・～までに…

3課 36
　1．～ませんか
　2．～ましょう（か）

4課 38
　1．～（られ）ます
　2．～ができます・～ことができます
　3．見えます・聞こえます

5課 40
　1．～たことがあります
　2．～ことがあります

まとめ問題（1課～5課）
Bài tập tổng hợp (Bài 1 ~ Bài 5) 42

6課 44
   1．〜てもいいです／〜てはいけません
   2．〜なくてもいいです／
      〜なければなりません

7課 46
   1．〜がほしいです・〜たいです
   2．〜といいです

8課 48
   1．〜そうです
   2．〜がっています・〜がります
   3．〜まま…

9課 50
   1．〜から…・〜からです
   2．〜ので…
   3．〜て…・〜くて…・〜で…

10課 52
   1．〜に…
   2．〜ため（に）…
   3．〜ように…

まとめ問題（1課〜10課）
Bài tập tổng hợp (Bài 1 ~ Bài 10) 54

11課 56
   1．（〜も）〜し、（〜も）…
   2．〜たり〜たりします

12課 58
   1．〜かもしれません
   2．〜はずです
   3．〜ようです・〜みたいです

13課 60
   1．〜なさい
   2．〜ほうがいいです
   3．〜ないと

14課 62
   1．〜たら…
   2．〜ば…・〜なら…
   3．〜と…

15課 64
   1．〜たら…
   2．〜なら…

まとめ問題（1課〜15課）
Bài tập tổng hợp (Bài 1 ~ Bài 15) 66

16課 68
   1．〜ても…
   2．〜のに…

17課 70
   1．〜と…
   2．〜か…・〜かどうか…

18課 72
  1．～（よ）うと思います
  2．～つもりです

19課 74
  1．～と言っていました
  2．～そうです
  3．～らしいです

20課 76
  1．～くします・～にします
  2．～くなります・～になります・
    ～ようになります

まとめ問題（1課～20課）
Bài tập tổng hợp (Bài 1 ~ Bài 20) 78

21課 80
  1．～にします・～ことにします
  2．～になります・～ことになります

22課 82
  1．～てみます
  2．～ておきます
  3．～てしまいます

23課 84
  1．あげます・～てあげます
  2．くれます・～てくれます
  3．もらいます・～てもらいます

24課 86
  ～（ら）れます

25課 88
  1．～（さ）せます
  2．～さ（せら）れます

まとめ問題（1課～25課）
Bài tập tổng hợp (Bài 1 ~ Bài 25) 90

第2部　文法形式の整理
Phần 2: Sắp xếp theo hình thức ngữ pháp

1課 94
  で・に

2課 96
  を・と

3課 98
  も・しか

4課 100
  だけ・でも

5課 102
  は・が

まとめ問題（1課～5課）
Bài tập tổng hợp (Bài 1 ~ Bài 5) 104

6課 106
の・こと

7課 108
〜て…・〜ないで…

8課 110
他動詞・自動詞　Ngoại động từ và nội động từ

9課 112
〜ています・〜てあります

10課 114
〜てきます・〜ていきます

まとめ問題（1課〜10課）
Bài tập tổng hợp (Bài 1 ~ Bài 10) 116

11課 118
こ・そ・あ

12課 120
接続の言葉　Từ nối

13課 122
副詞　Phó từ

14課 124
〜すぎます・〜にくいです・〜やすいです

15課 126
品詞　Từ loại

まとめ問題（1課〜15課）
Bài tập tổng hợp (Bài 1 ~ Bài 15) 128

模擬試験　Đề thi mẫu 132

索引　Bảng tra từ 136

別冊　解答　Đáp án

本書をお使いになる方へ

■本書の目的
この本の目的は二つです。
①日本語能力試験Ｎ４の試験に合格できるようにします。
②試験対策だけでなく、全般的な「文法」の勉強ができます。

■日本語能力試験Ｎ４文法問題とは
日本語能力試験Ｎ４は、「言語知識（文字・語彙）」（試験時間30分）「言語知識（文法）・読解」（試験時間60分）と「聴解」（試験時間35分）の三つに分かれていて、文法問題は「言語知識（文法）・読解」の一部です。
文法問題は３種類あります。
 Ⅰ 文の文法１（その文に適切に当てはまる文法形式を選ぶ問題）
 Ⅱ 文の文法２（文を正しく組み立てる問題）
 Ⅲ 文章の文法（まとまりを持った文章にするための適切な言葉を選ぶ問題）

■本書の構成
この本は、以下のような構成です。

問題紹介
形の練習
実力養成編 第１部 意味機能別の文法形式（１課～25課）
     第２部 文法形式の整理（１課～15課）
模擬試験

詳しい説明をします。

問題紹介 問題形式別の解き方を知り、全体像をつかんでから学習を始めます。
形の練習 動詞などの形の変化を練習します。
実力養成編 **第１部　意味機能別の文法形式**
  ・Ｎ４レベルで出題が予想される文法形式を意味機能別に学習します。（どんな意味か、どんな文法的性質を持っているか、どんな場面で使うかなど）
  第２部　文法形式の整理
  ・間違えやすい文法事項を整理して学習します。

第1部も第2部も見開き2ページで、左ページに例文と解説、右ページに確認のための練習問題があります。
第1部、第2部ともに5課ごとに学習した課までのまとめ問題があります。(実際の試験と同じ形式。文の文法1、文の文法2、文章の文法の3種類の問題)

模擬試験 実際の試験と同じ形式の問題です。実力養成編で学習した広い範囲から問題を作ってありますから、総合的にどのぐらい力がついたかを確認することができます。

■凡例

文を作るときは、それぞれの文法形式に合うように、前に来る語の形を整えなければなりません。

	前に来る語の形	例
動詞	動 ない形	おくれない ＋ように(第1部10課)
	動 ~~ない~~-なく	食べなく ＋なります(第1部20課)
	動 ます	歩き ＋ながら(第1部2課)
	動 辞書形	言う ＋ことができます(第1部4課)
	動 う・よう形 →22ページ	でかけよう ＋と思います(第1部18課)
	動 て形 →14ページ	はいて ＋みます(第1部22課)
	動 た形 →14ページ	行った ＋ことがあります(第1部5課)
	動 ている	しらべている ＋ところです(第1部2課)
イ形容詞	イ形 い	きたない ＋まま(第1部8課)
	イ形 ~~い~~	おいし ＋そうです(第1部8課)
	イ形 ~~い~~-く	大きく ＋します(第1部20課)
	イ形 ~~い~~-くて	せまくて ＋もいいです(第1部6課)
ナ形容詞	ナ形 な	きれいな ＋まま(第1部8課)
	ナ形 ~~な~~	しんぱい ＋そうです(第1部8課)
	ナ形 ~~な~~-で	好きで ＋も(第1部16課)
	ナ形 ~~な~~-に	きれいに ＋します(第1部20課)
名詞	名	前のアパート ＋より(第1部1課)
	名 の	先月の ＋まま(第1部8課)
	名 で	子どもで ＋も(第1部16課)

本書をお使いになる方へ —— ix

その他	ふつう形	あった ＋そうです（第1部19課）
	ふつう形（例外）	
	ナ形だ	好き ＋みたいです（第1部12課）
	ナ形だ-な	しずかな ＋のに（第1部16課）
	名だ	男の子 ＋かもしれません（第1部12課）
	名だ-な	5さいな ＋ので（第1部9課）
	名だ-の	12さいの ＋はずです（第1部12課）
	名する	さんぽ ＋に（第1部10課）

（注）名する：名詞に「する」がつく動詞（さんぽする、見学するなど）の名詞部分「さんぽ、見学」

＊て形、た形、う・よう形のほか、ふつう形、～ば・～ならの形、可能の形、受身の形、使役の形、使役受身の形の作り方は14～28ページに書いてあります。

接続のし方：

例1 「～より～のほう」（第1部1課）

　　　名1 ＋より＋ 名2 のほう

①名詞に接続します。

　例・わたしより　弟の　ほうが　せが　高いです。

例2 「～ようです」（第1部12課）

　　　ふつう形（ナ形だ-な・名だ-の） ＋ようです

①ふつう形に接続します。

　例・へやには　だれも　いないようです。
　　・試験は　とても　むずかしかったようです。

②ただし、ナ形容詞 と 名詞 の現在肯定形は「～だ」の形ではなく、「～な」「～の」の形に接続します。

　例・けん君は　勉強が　きらいなようですね。
　　・マリさんの　けっこんの　話は　ほんとうのようだよ。

＊この本では、あまり使わない接続のし方は書いてありません。

■解説で使っている記号と言葉

記号	意味
🔗	接続のし方
☞	使い方の注意
→第○部○課	同じ形の文法形式がある課

☞の中で使っている次の言葉は文法的な性質を学習するときの大切な言葉です。

言葉	意味
話者の意向を表す文	「〜たい・〜（よ）うと思う・〜つもりだ」など、話者があることをする気持ちを持っていることを表す文
相手への働きかけを表す文	「〜てください・〜ましょう・〜ませんか」など、話者が相手に何かをするように言う文

■語彙

基本的に旧出題基準の3級までの語彙にとどめました。ただし、外来語はこの基準の範囲以外でも使っています。

■表記

基本的に旧出題基準の3級までの漢字は漢字表記にしました。ただし、熟語の場合、その一部の漢字が3級の範囲でない場合も、あえて漢字を使っています。

■学習時間

授業で使う場合の1課の授業時間の目安は以下のとおりです。

第1部：1課につき　　50分授業×1コマ

第2部：1課につき　　50分授業×1コマ

Thân gửi bạn đọc

■ Mục đích của cuốn sách

Cuốn sách này được biên soạn với 2 mục đích:

① Giúp người học có thể đỗ được kỳ thi năng lực tiếng Nhật cấp độ N4;

② Không chỉ phục vụ cho việc luyện thi mà còn giúp cho người học học tốt ngữ pháp một cách toàn diện.

■ Đề thi Ngữ Pháp ở trình độ N4 của kỳ thi Năng lực tiếng Nhật là gì?

Kỳ thi Năng lực tiếng Nhật N4 được chia làm 3 phần: "Kiến thức Ngôn ngữ (Từ vựng, chữ Hán)" (thời gian thi 30 phú) "Kiến thức Ngôn ngữ (Ngữ pháp) – Đọc hiểu" (thời gian thi 60 phút) và "Nghe hiểu" (thời gian thi 35 phút). Ngữ pháp là một phần trong "Kiến thức Ngôn ngữ (Ngữ pháp) – Đọc hiểu".

Cụ thể hơn đề thi Ngữ Pháp bao gồm 3 dạng:

Ⅰ 文の文法１: Ngữ pháp trong câu-1 (Dạng bài chọn hình thức ngữ pháp thích hợp để điền vào câu)

Ⅱ 文の文法２: Ngữ pháp trong câu-2 (Dạng bài lắp ghép thành câu sao cho chính xác)

Ⅲ 文章の文法: Ngữ pháp trong đoạn văn (Dạng bài chọn từ thích hợp để hoàn thành văn bản)

■ Cấu trúc của sách

Cuốn sách có cấu trúc như sau:

問題紹介 (Giới thiệu dạng bài)

形の練習 (Luyện tập về các dạng thể)

実力養成編 (Luyện phát triển kỹ năng)

 第１部　意味機能別の文法形式　　Phần 1: Các hình thức ngữ pháp phân chia theo chức năng ngữ nghĩa (Bài 1 ~ Bài 25)

 第２部　文法形式の整理　　Phần 2: Sắp xếp theo hình thức ngữ pháp (Bài 1 ~ Bài 15)

模擬試験 (Đề thi mẫu)

Sau đây là những giải thích rõ hơn:

問題紹介 (Giới thiệu dạng bài)

 Giúp người học nắm được cách làm riêng của từng dạng bài, có thể bắt tay vào việc học ngay sau khi nắm rõ tổng quan đề thi.

形の練習 (Luyện tập về các dạng thể)

 Luyện tập về cách biến đổi của các dạng từ như động từ v.v..

実力養成編 (Luyện phát triển kỹ năng)

第1部 意味機能別の文法形式 (Phần 1: Các hình thức ngữ pháp phân chia theo chức năng ngữ nghĩa)

・Ở phần này, người học sẽ học các hình thức ngữ pháp có khả năng xuất hiện nhiều trong đề thi N4 theo từng chức năng ngữ nghĩa. (Mẫu ngữ pháp đó có ý nghĩa gì, mang tính chất ngữ pháp như thế nào, được sử dụng trong tình huống nào v.v.)

第2部 文法形式の整理 (Phần 2: Tóm tắt các hình thức ngữ pháp)

・Ở phần này, chúng tôi đã thống kê và sắp xếp những mẫu ngữ pháp dễ bị nhầm với nhau.

Cả phần 1 và phần 2, đều được bố cục sao cho trang bên trái là những ví dụ và giải thích ngữ pháp còn trang bên phải là bài tập luyện về mẫu ngữ pháp đó.

Ở cả phần 1 và phần 2, cứ sau mỗi 5 bài đều có một bài luyện tập tổng hợp (là những bài tập có hình thức giống như bài thi thật, được chia làm 3 dạng: Ngữ pháp trong câu-1, Ngữ pháp trong câu-2, Ngữ pháp trong đoạn văn).

模擬試験 (Đề thi mẫu)

Bao gồm những bài thi giống như thi thật. Sau khi làm bài người học có thể xác định được năng lực Tiếng Nhật của mình một cách tổng quát do các bài thi được tổng hợp từ những kiến thức được học trong luyện phát triển kỹ năng.

■ Chú thích:

Khi đặt câu, để thích hợp với từng mẫu câu, các dạng từ đứng trước phải được biến đổi sao cho thích hợp.

Dạng từ đứng trước		Ví dụ
Động từ	動ない形	おくれない ＋ように (Bài 10 phần 1)
	動 ~~ない~~ -なく	食べなく ＋なります (Bài 20 phần 1)
	動ます	歩き ＋ながら (Bài 2 phần 1)
	動辞書形	言う ＋ことができます (Bài 4 phần 1)
	動う・よう形 →Trang 22	でかけよう ＋と思います (Bài 18 phần 1)
	動て形 →Trang 14	はいて ＋みます (Bài 22 phần 1)
	動た形 →Trang 14	行った ＋ことがあります (Bài 5 phần 1)
	動ている	しらべている ＋ところです (Bài 2 phần 1)
Tính từ đuôi イ	イ形い	きたない ＋まま (Bài 8 phần 1)
	イ形 ~~い~~	おいし ＋そうです (Bài 8 phần 1)
	イ形 ~~い~~ -く	大きく ＋します (Bài 20 phần 1)
	イ形 ~~い~~ -くて	せまくて ＋もいいです (Bài 6 phần 1)

Thân gửi bạn đọc — xiii

Tính từ đuôi ナ	ナ形 な	きれいな ＋まま (Bài 8 phần 1)
	ナ形 ~~な~~	しんぱい ＋そうです (Bài 8 phần 1)
	ナ形 ~~な~~ -で	好きで ＋も (Bài 16 phần 1)
	ナ形 ~~な~~ -に	きれいに ＋します (Bài 20 phần 1)
Danh từ	名	前のアパート ＋より (Bài 1 phần 1)
	名 の	先月の ＋まま (Bài 8 phần 1)
	名 で	子どもで ＋も (Bài 16 phần 1)
Khác	ふつう形	あった ＋そうです (Bài 19 phần 1)
	ふつう形 (Ngoại lệ)	
	ナ形 ~~だ~~	好き ＋みたいです (Bài 12 phần 1)
	ナ形 ~~だ~~ -な	しずかな ＋のに (Bài 16 phần 1)
	名 ~~だ~~	男の子 ＋かもしれません (Bài 12 phần 1)
	名 ~~だ~~ -な	5さいな ＋ので (Bài 9 phần 1)
	名 ~~だ~~ -の	12さいの ＋はずです (Bài 12 phần 1)
	名 ~~する~~	さんぽ ＋に (Bài 10 phần 1)

(Lưu ý): 名 ~~する~~ : Là bộ phận danh từ "さんぽ, 見学" của động từ (さんぽする, 見学する, v.v.) có する phía sau danh từ.

✱ Cách hình thành động từ dạng -て, dạng -た, thể ý hướng, thể thông thường, dạng ～ば / ～なら, dạng khả năng, dạng bị động, dạng sai khiến, dạng bị động sai khiến có trong phần từ trang 14 tới trang 28.

Cách nối:

Ví dụ 1 「～より～のほう」(Bài 1 phần 1)

> 名₁ ＋より＋ 名₂ のほう

① Kết hợp với danh từ

Ví dụ ・**わたし**より **弟**の ほうが せが 高いです。

Ví dụ 2 「～ようです」(Bài 12 phần 1)

> ふつう形 (ナ形 ~~だ~~ -な・名 ~~だ~~ -の) ＋ようです

① Kết hợp với dạng thường

Ví dụ ・へやには だれも **いない**ようです。

・試験は とても **むずかしかった**ようです。

② Tuy nhiên khi kết hợp với Tính từ đuôi ナ và Danh từ ở thể khẳng định của hiện tại thì sẽ không thêm 〜だ mà được nói bằng 〜な, 〜の.

Ví dụ・けん君は 勉強が **きらいな**ようですね。
・マリさんの けっこんの 話は **ほんとうの**ようだよ。

* Trong giáo trình này, chúng tôi sẽ không đưa ra những cách kết hợp, cách nói ít phổ biến.

■ Từ và ký hiệu được sử dụng trong phần giải thích

Ký hiệu	Ý nghĩa
∞	Cách nói, cách kết hợp
☞	Lưu ý về ý nghĩa và cách sử dụng của hình thức ngữ pháp
→第○部○課	Bài có những hình thức ngữ pháp giống nhau

Trong phần ☞ những từ sau đây rất quan trọng cho việc học về tính chất ngữ pháp của mẫu câu.

Từ ngữ	Ý nghĩa
Câu thể hiện ý muốn, ý định của người nói	Câu văn thể hiện rằng người nói đang có ý muốn thực hiện điều gì đó (〜たい, 〜（よ）うと思う, 〜つもりだ, v.v.)
Câu mang ý kêu gọi, thúc giục đối phương hành động	Câu văn có ý rằng người nói đang muốn đối phương thực hiện điều gì đó (〜てください, 〜ましょう, 〜ませんか, v.v.)

■ Từ vựng

Chủ yếu dừng lại ở mức độ từ vựng ở cấp độ 3 theo tiêu chuẩn ra đề của kỳ thi cũ. Tuy nhiên giáo trình cũng có sử dụng những từ ngoại lai nằm ngoài phạm vi tiêu chuẩn này.

■ Chữ viết- chính tả

Về cơ bản, giáo trình sử dụng chữ Hán ở mức độ 3 theo tiêu chuẩn ra đề của kỳ thi cũ. Tuy nhiên, giáo trình cũng mạnh dạn sử dụng những chữ Hán không nằm trong phạm vi quy định đặc biệt với những chữ Hán trong cụm từ thông dụng hoặc quán ngữ.

■ Thời gian học

Nếu sử dụng giáo trình trong giờ dạy, có thể chia thời gian giảng dạy 1 bài như sau:

Phần 1: Mỗi bài 1 tiết 50 phút

Phần 2: Mỗi bài 1 tiết 50 phút

この本に出てくる人物

Các nhân vật xuất hiện trong giáo trình

トム
日本に留学中
日本語学校の学生
ホームステイしている

Tom: đang du học tại Nhật Bản, là học sinh trường tiếng Nhật, đang ở Homestay tại nhà người Nhật

サラ
日本に留学中
日本語学校の学生

Sarah: đang du học tại Nhật Bản, là học sinh trường tiếng Nhật

山田
トムのホームステイ先の
お父さん・お母さん

Ông bà Yamada: bố mẹ của gia đình mà Tom đang ở Homestay

はな
山田さんの娘
3歳

Hana: cô con gái 3 tuổi của ông bà Yamada

けん
山田さんの息子
9歳

Ken: cậu con trai 9 tuổi của ông bà Yamada

ジョン
トムの兄
会社員
日本に住んでいる

John: anh trai của Tom, là nhân viên công ty, hiện đang sống tại Nhật

リサ
トムとサラのクラスメート

Lisa: bạn cùng lớp với Tom và Sarah

その他　日本語学校の先生　日本の友人など

Ngoài ra còn có những nhân vật như thầy cô giáo trường tiếng Nhật, bạn bè tại Nhật v.v..

もんだいしょうかい
問題紹介
Giới thiệu dạng bài

I 文の文法1（文法形式の判断）

文の意味を考え、それに合う文法形式を判断する問題です。

（　）に 何を 入れますか。1・2・3・4から いちばん いい ものを 一つ えらんで ください。

【例題1】

　これは 旅行に 持って（　　）物を 書いた メモです。

　　1　いる　　　　2　いく　　　　3　ある　　　　4　おく

【例題2】

　A「あしたは 何時ごろ 時間が ありますか。」

　B「あしたですか。午後なら、何時（　　）だいじょうぶです。」

　　1　も　　　　2　でも　　　　3　にも　　　　4　には

　【例題1】では、（　　）の前の「持って」と一緒に使い、この文の文脈に合う内容を表す言葉を選びます。ここでは旅行に行くときの持ち物を言っているので、正しい答えは「2　いく」です。

　【例題2】は会話形式の問題です。Aの質問から、どんな内容の答えが求められているかを考えます。疑問詞の「何時」と一緒に使い、午後は時間に関係なくずっと大丈夫だという意味になる言葉を入れます。正しい答えは「2　でも」です。

　このタイプの問題では、文法形式の意味機能や接続の形を正確に知っていることが大切です。

Ⅱ 文の文法2（文の組み立て）

いくつかの語句を並べ替えて、文法的に正しく、意味がわかる文を作る問題です。四つの選択肢のうち★の位置になるものを選びます。

　★　に 入る ものは どれですか。1・2・3・4から いちばん いい ものを 一つ えらんで ください。

【例題3】

　　さっき ____ ____ ★ ____ ぜったい しっぱいしません。
　　1　説明した　　2　わすれないで　　3　やれば　　4　ことを

【例題4】

　　A「時間が ないよ。まだ 出かけられない？」
　　B「今 ____ ____ ★ ____ なんだ。もう ちょっと 待って。」
　　1　いる　　　　2　急いで　　　3　ところ　　4　じゅんびして

【例題3】「1　説明した」は動詞なので、後には「4　ことを」しか続けることができません。残っている選択肢と組み合わせると、「さっき説明したことをわすれないでやれば、ぜったいしっぱいしません」という文ができます。★の位置になるのは「2　わすれないで」です。

【例題4】は会話形式の問題です。Aの話から、時間がないので急いでいる状況がわかります。Bはもう少し待ってほしいと言っていますが、選択肢を組み合わせて、「～ているところ」という文型を使えば、今進行中の行為の説明ができます。全体で「今急いでじゅんびしているところなんだ」という文ができます。★の位置になるのは「1　いる」です。

このタイプの問題では、表現の意味機能だけでなく、
・その文法形式につく品詞
・組み合わせになる表現
などを知っていることが大切です。

Ⅲ 文章の文法

作文や手紙などまとまった長さの文章の中で、その文脈に合う言葉を選ぶ問題です。
・前後の文からあてはまる内容を判断して、それに合う言葉を選ぶ問題
・文法的に正しい文にするための言葉を選ぶ問題
・まとまりがある文章にするための言葉を選ぶ問題　　があります。

【例題5】　１　から　５　に　何を　入れますか。文章の　意味を　考えて、
　　　　　１・２・３・４から　いちばん　いい　ものを　一つ　えらんで　ください。

つぎの　文章は、「かぜ」に　ついての　作文です。

かぜ

トム・ブラウン

　先週は　かぜを　ひいて　学校を　休んで　しまいました。雨が　１　、かさを　わすれて　ぬれて　しまったのです。ホームステイを　して　いる　家の　お母さんに、かぜの　ときは　おふろに　入らない　ほうが　いいと　言われました。わたしは　びっくりしました。わたしの　２　、おふろに　入った　ほうが　いいと　言います。どうして　意見が　ぜんぜん　ちがうのでしょうか。

　日本では　むかし　おふろは　家の　外に　ありました。３　、おふろに　入った　後、体が　とても　つめたく　なりやすかったのです。かぜが　もっと　ひどく　４　　ので、おふろに　入らない　ほうが　いいと　言われるように　なったそうです。

　文化の　ちがいは　５　。

１　1　ふったから　　2　ふるように　　3　ふってから　　4　ふったのに
２　1　国には　　　　2　国では　　　　3　国にも　　　　4　国でも
３　1　それから　　　2　では　　　　　3　それに　　　　4　それで
４　1　なるかも　しれない　　　　　　2　なっても　いい
　　3　なって　いる　　　　　　　　　4　ならない
５　1　おもしろい　そうです　　　　　2　おもしろそうです
　　3　おもしろいと　思いました　　　4　おもしろいと　言って　いました

【例題5】の 1 は、前の内容とのつながりを考えて、文法形式を入れる問題です。「雨がふる」と「かさをわすれる」は、逆接のつながりなので、正しい答えは「4 ふったのに」です。

2 では、助詞を考えます。「言います」という行為が行われる場所を表す「で」、「わたしの国」を「日本」と対比的に説明する「は」を組み合わせます。正しい答えは「2 では」です。

3 は、前の内容とのつながりを考えて、接続表現を選ぶ問題です。後の文は、前の文の結果になっているので、「4 それで」が正しい答えです。

4 は、文脈から正しい内容を選びます。ここではかぜがひどくなる可能性があると言っているので、「1 なるかもしれない」が合います。

5 は、この話を知ったときの筆者の感想を述べている部分なので、「3 おもしろいと思いました」が合います。

このタイプの問題では、次のようなことについて判断できる力が必要です。

・その文脈に合う内容
　例 週末は楽しかったです。初めて写真ではない富士山を { 見ました。 / × 見たでしょう。 }

・その文脈での条件に合う形式
　例 わたしは兄が一人います。{ 兄は / × 兄が } 日本で働いています。

・文と文のつながり
　例 あした試験がある。{ だから / × それから } 今日はたくさん勉強するつもりだ。

Ⅲ　文章の文法　——　5

I. Ngữ pháp trong câu-1 (Phán đoán hình thức ngữ pháp)

Là dạng bài trong đó người học phải suy nghĩ về ý nghĩa của câu, sau đó phán đoán hình thức ngữ pháp phù hợp.

（　）に 何を 入れますか。1・2・3・4から いちばん いい ものを 一つ えらんで ください。

Ví dụ 1:

これは 旅行に 持って（　　）物を 書いた メモです。

1　いる　　　　2　いく　　　　3　ある　　　　4　おく

Ví dụ 2:

A「あしたは 何時ごろ 時間が ありますか。」
B「あしたですか。午後なら、何時（　　）だいじょうぶです。」

1　も　　　　2　でも　　　　3　にも　　　　4　には

Ở **Ví dụ 1**, người học phải chọn từ thích hợp với mạch văn trong câu này và có thể đi kèm với từ 持って ở đằng trước ( ). Ở đây ta nói đến đồ vật mang đi khi đi du lịch nên đáp án đúng là đáp án 2 いく.

Ví dụ 2 là câu ở dạng hội thoại. Từ câu hỏi của người A, người học sẽ suy nghĩ xem nội dung của câu trả lời là gì. Sẽ phải điền từ có ý nghĩa là nếu buổi chiều thì mấy giờ cũng được và từ đó đi kèm với cụm từ nghi vấn 何時. Câu trả lời đúng là 2 でも.

Ở dạng bài này việc biết và nhớ chính xác chức năng ý nghĩa của mẫu ngữ pháp và hình thức của các phép nối là rất quan trọng.

II. Ngữ pháp trong câu-2 (Sắp xếp lại câu sao cho thích hợp)

Là dạng bài trong đó người học phải sắp xếp những cụm từ thành câu hoàn chỉnh. Người học sẽ chọn trong số 4 lựa chọn từ đúng để điền vào dấu ★.

★ に 入る ものは どれですか。1・2・3・4から いちばん いい ものを 一つ えらんで ください。

Ví dụ 3:

さっき ＿＿＿ ＿＿＿ ★ ＿＿＿ ぜったい しっぱいしません。

1　説明した　　2　わすれないで　　3　やれば　　4　ことを

Ví dụ 4:

A「時間が ないよ。まだ 出かけられない?」

B「今 ＿＿＿ ＿＿＿ ★ ＿＿＿ なんだ。もう ちょっと 待って。」

1　いる　　　　2　急いで　　　　3　ところ　　　4　じゅんびして

Ở **Ví dụ 3,** vì 1 説明した là động từ nên ngay sau chỉ có thể là 4 ことを. Phần còn lại nếu thử kết hợp với nhau thì sẽ thành câu như sau さっき説明したことをわすれないでやれば、ぜったいしっぱいしません. Như vậy vị trí của dấu sẽ là 2 わすれないで.

Ví dụ 4 bài ở dạng hội thoại. Từ câu nói của người A người học có thể hiểu được trạng thái là không còn thời gian nữa nên phải nhanh lên thôi. Người B nói là xin hãy chờ thêm chút nữa. Nếu kết hợp các câu lại và sử dụng mẫu câu ～ているところ thì sẽ diễn tả một hành động đang diễn ra tại thời điểm hiện tại. Kết hợp lại toàn bộ ta sẽ có một câu như sau 今急いでじゅんびしているところなんだ, nên vị trí của dấu sẽ là 1 いる.

Ở dạng bài này người học không chỉ cần nắm vững ý nghĩa của cách nói mà còn phải ghi nhớ:

・Từ loại đi kèm với những mẫu câu đó;

・Các cách diễn đạt có thể kết hợp với nhau.

Ⅲ Ngữ pháp trong đoạn văn

Đây là dạng bài yêu cầu người học phải chọn từ sao cho thích hợp với mạch văn của những đoạn văn có độ dài nhất định như một bài văn hoặc một bức thư. Có những dạng bài sau:

・Dạng bài chọn từ thích hợp để vào chỗ trống sau khi đã phán đoán nội dung của câu đó từ mạch ý của những câu văn trước và sau;
・Dạng bài chọn từ thích hợp để làm cho câu trở nên đúng ngữ pháp;
・Dạng bài chọn từ thích hợp sao cho đoạn văn được súc tích.

Ví dụ 5 ｜1｜ から ｜5｜ に 何を 入れますか。文章の 意味を 考えて、1・2・3・4から いちばん いい ものを 一つ えらんで ください。

つぎの 文章は、「かぜ」に ついての 作文です。

かぜ

トム・ブラウン

先週は かぜを ひいて 学校を 休んで しまいました。雨が ｜1｜、かさを わすれて ぬれて しまったのです。ホームステイを して いる 家の お母さんに、かぜの ときは おふろに 入らない ほうが いいと 言われました。わたしは びっくりしました。わたしの ｜2｜、おふろに 入った ほうが いいと 言います。どうして 意見が ぜんぜん ちがうのでしょうか。

日本では むかし おふろは 家の 外に ありました。｜3｜、おふろに 入った 後、体が とても つめたく なりやすかったのです。かぜが もっと ひどく ｜4｜ ので、おふろに 入らない ほうが いいと 言われるように なったそうです。

文化の ちがいは ｜5｜。

｜1｜ 1 ふったから　　2 ふるように　　3 ふってから　　4 ふったのに
｜2｜ 1 国には　　　　2 国では　　　　3 国にも　　　　4 国でも
｜3｜ 1 それから　　　2 では　　　　　3 それに　　　　4 それで
｜4｜ 1 なるかも しれない　　　　2 なっても いい
　　　3 なって いる　　　　　　4 ならない
｜5｜ 1 おもしろい そうです　　　2 おもしろそうです
　　　3 おもしろいと 思いました　4 おもしろいと 言って いました

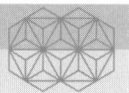

Trong **Ví dụ 5**, phần điền ⬚1⬚ là dạng câu hỏi điền dạng đúng của ngữ pháp sau khi đã xem xét tới mối quan hệ của câu đó với câu trước. Do cụm 雨がふる và かさをわすれる có ý nghĩa trái ngược nhau nên câu trả lời đúng là 4 ふったのに.

Phần điền ⬚2⬚ người học phải chú ý tới trợ từ. Trợ từ で diễn tả địa điểm nơi hành động 言います diễn ra và có thể kết hợp với trợ từ は mang ý nghĩa so sánh giữa わたしの国 và 日本 nên câu trả lời đúng là 2 では.

Phần điền ⬚3⬚ là dạng câu hỏi yêu cầu người học phải chọn đúng từ nối sau khi đã xem xét tới mối quan hệ của câu đó với câu trước. Do câu sau là kết quả của câu trước nên 4 それで là câu trả lời đúng.

Phần điền ⬚4⬚ yêu cầu người học phải chọn đúng nội dung theo mạch văn của cả đoạn. Ở đây, do bài viết nói rằng có khả năng bị nhiễm cảm nên đáp án 1 なるかもしれない là thích hợp.

Phần điền ⬚5⬚ là phần nói về cảm nghĩ của người nói khi biết về câu chuyện này nên đáp án 3 おもしろいと思いました là thích hợp.

Dạng bài này yêu cầu người học cần có khả năng phán đoán những nội dung như sau:

- Nội dung thích hợp với mạch văn

  Ví dụ 週末は楽しかったです。初めて写真ではない富士山を { 見ました。 / ✕ 見たでしょう。 }

- Hình thức ngữ pháp thích hợp với mạch văn

  Ví dụ わたしは兄が一人います。{ 兄は / ✕ 兄が } 日本で働いています。

- Hình thức nối giữa câu với câu

  Ví dụ あした試験がある。{ だから / ✕ それから } 今日はたくさん勉強するつもりだ。

III Ngữ pháp trong đoạn văn

形の練習
かたち　　れんしゅう

Luyện tập về các dạng thể

1. 動詞のグループ　Nhóm động từ

Động từ được chia thành 3 nhóm. Tùy vào âm đứng trước ます hoặc âm kết thúc của từ ở dạng nguyên thể mà người ta sẽ xếp động từ đó vào nhóm nào. Và mỗi nhóm có quy tắc chia động từ ở dạng -て hay dạng khả năng, v.v. khác nhau.

動詞には三つのグループがあります。「ます」の前の音か、辞書形の終わりの音から、その動詞がどのグループかを考えます。それぞれ、て形や可能の形などを作るときのルールが異なります。

グループ	ます形 (Dạng -ます)	辞書形 (Dạng nguyên thể)	例 (Ví dụ)
I	-います	-う	買う　使う
	-きます・-ぎます	-く・-ぐ	聞く　行く　およぐ
	-します	-す	話す　出す
	-ちます	-つ	立つ　持つ
	-にます	-ぬ	死ぬ
	-びます	-ぶ	運ぶ　あそぶ
	-みます	-む	読む　飲む
	-ります	-aる・-oる・-uる	ある　とる　作る
		-iる	知る　入る　切る　走る　要る
		-eる	帰る　すべる
II	-iます	-iる	見る　いる　着る あびる　できる　起きる
	-eます	-eる	ねる　食べる　開ける　かける 変える　聞こえる　考える
III			する　勉強する　そうじする 来る　持ってくる

れんしゅう

つぎの 動詞の グループⅠ、Ⅱ、Ⅲを (　) に 書いて ください。

例　開く　　　　(Ⅰ)

1　貸す　　　　(　)　　　2　あんないする　(　)
3　こわす　　　(　)　　　4　生きる　　　　(　)
5　見せる　　　(　)　　　6　始まる　　　　(　)
7　知る　　　　(　)　　　8　出て くる　　 (　)
9　ちがう　　　(　)　　　10　わすれる　　 (　)
11　おちる　　 (　)　　　12　入る　　　　　(　)
13　乗る　　　 (　)　　　14　ふる　　　　　(　)
15　とぶ　　　 (　)　　　16　急ぐ　　　　　(　)
17　生まれる　 (　)　　　18　出かける　　　(　)
19　あげる　　 (　)　　　20　待つ　　　　　(　)

1．動詞のグループ

2. て形・た形

て形 → 第1部6課-[1], 9課-[3], 16課-[1], 22課-[1]・[2]・[3], 23課-[1]・[2]・[3],
　　　第2部7課-A〜E, 9課-1・2, 10課-A〜D
た形 → 第1部2課-[2], 5課-[1], 8課-[3], 11課-[2], 13課-[2], 15課-[1]

グループ	ます形／辞書形 (Dạng -ます/ Dạng nguyên thể)	て形				て形	た形
I	-きます／-く	-いて		書きます／	書く →	書いて	書いた
			例外 (Ngoại lệ)	行きます／	行く →	行って	行った
	-ぎます／-ぐ	-いで		ぬぎます／	ぬぐ →	ぬいで	ぬいだ
	-みます／-む			読みます／	読む →	読んで	読んだ
	-びます／-ぶ	-んで		とびます／	とぶ →	とんで	とんだ
	-にます／-ぬ			死にます／	死ぬ →	死んで	死んだ
	-います／-う			言います／	言う →	言って	言った
	-ちます／-つ	-って		持ちます／	持つ →	持って	持った
	-ります／-る			作ります／	作る →	作って	作った
	-します／-す	-して		出します／	出す →	出して	出した
II	-i ~~ます~~／-i ~~る~~	-て		います／いる →		いて	いた
				起きます／起きる →		起きて	起きた
				あびます／あびる →		あびて	あびた
	-e ~~ます~~／-e ~~る~~	-て		出ます／出る →		出て	出た
				食べます／食べる →		食べて	食べた
				あげます／あげる →		あげて	あげた
III				します／する →		して	した
				来ます／来る →		来て	来た

|れんしゅう|

1. つぎの 動詞を 「て形」に して ください。
    例 切る → 切って
    1 飲む → _____   2 考える → _____
    3 貸す → _____   4 電話する → _____
    5 来る → _____   6 ふく → _____
    7 帰る → _____   8 借りる → _____
    9 買う → _____   10 走る → _____
    11 わかる → _____   12 見える → _____
    13 かつ → _____   14 よぶ → _____
    15 さわぐ → _____   16 着る → _____

2. (　)の 中の 動詞を 「て形」に して ください。
    1 その まどを _____ ください。(開ける)
    2 どうぞ この かさを _____ ください。(使う)
    3 その 写真を ちょっと _____ ください。(見せる)
    4 田中さんは 京都に _____ います。(住む)
    5 今、雨が _____ います。(ふる)

3. つぎの 動詞を 「た形」に して ください。
    例 切る → 切った
    1 休む → _____   2 歩く → _____
    3 あそぶ → _____   4 おす → _____
    5 なる → _____   6 およぐ → _____
    7 ある → _____   8 もらう → _____
    9 おくれる → _____ 10 待つ → _____
    11 とる → _____   12 持って くる → _____

2．て形・た形 — 15

3. ていねい形とふつう形　Dạng lịch sự và dạng thường

ていねい形 → 第1部9課-①
ふつう形 → 第1部7課-②, 9課-①・②, 11課-①, 12課-①・②・③, 14課-①・③,
15課-②, 16課-②, 17課-①・②, 19課-①・②・③, 第2部15課-4

	ていねい形 (Dạng lịch sự)	ふつう形 (Dạng thường)
動詞 (Động từ)	買います 買いません 買いました 買いませんでした	買う 買わない 買った 買わなかった
イ形容詞 (Tính từ đuôi イ)	高いです 高くないです 高かったです 高くなかったです	高い 高くない 高かった 高くなかった
ナ形容詞 (Tính từ đuôi ナ)	べんりです べんりでは　ありません べんりでした べんりでは　ありませんでした	べんりだ べんりでは　ない べんりだった べんりでは　なかった
名詞 (Danh từ)	雨です 雨では　ありません 雨でした 雨では　ありませんでした	雨だ 雨では　ない 雨だった 雨では　なかった

＊例外：　ありません → ない　　　ありませんでした → なかった
（Ngoại lệ）
　　　　いい（です）―よくない（です）―よかった（です）―よくなかった（です）

☞ Dạng thường cũng được sử dụng khi nói chuyện với những người thân thiết hoặc được sử dụng làm thể văn viết (thể thường) như báo cáo, luận văn, nhật ký, v.v..

ふつう形は、親しい関係の人と話すときやレポート、論文、日記などを書くときの文体（＝ふつう体）にも使われます。

例：・トム「これ、食べない？　おいしいよ。」
　　サラ「うん、食べる。ありがとう。」
　・コンビニでは　夜　おそい　時間でも　買い物を　する　ことが　できる。

れんしゅう

例 書きます	書く	書かない	書いた	書かなかった
行きます		行かない		
およぎます				およがなかった
話します			話した	
死にます	死ぬ			
ならびます		ならばない		
読みます			読んだ	
会います	会う			
持ちます		持たない		
帰ります			帰った	
見ます	見る			
できます		できない		
ねます				ねなかった
食べます			食べた	
します		しない		
来ます	来る			
大きいです		大きくない		
いいです	いい			
ほしいです			ほしかった	
きれいです		きれいでは ない		
好きです			好きだった	
病気です				病気では なかった
休みです	休みだ			

3．ていねい形とふつう形

4. 可能の形 Dạng khả năng

→ 第1部4課-①

グループ	ます形 → 可能の形 (Dạng -ます) (Dạng khả năng)	辞書形 → 可能の形 (Dạng nguyên thể) (Dạng khả năng)
I	-iます → -eます 言います → 言えます 歩きます → 歩けます およぎます → およげます 話します → 話せます 立ちます → 立てます 死にます → 死ねます とびます → とべます 読みます → 読めます とります → とれます	-u → -eる 言う → 言える 歩く → 歩ける およぐ → およげる 話す → 話せる 立つ → 立てる 死ぬ → 死ねる とぶ → とべる 読む → 読める とる → とれる
II	見ます → 見られます 起きます → 起きられます います → いられます ねます → ねられます 食べます → 食べられます 答えます → 答えられます	見る → 見られる 起きる → 起きられる いる → いられる ねる → ねられる 食べる → 食べられる 答える → 答えられる
III	します → できます 来ます → 来られます	する → できる 来る → 来られる

☞ Những động từ khi đã chuyển sang động từ ở dạng khả năng thì có hình thức biến đổi giống như động từ nhóm II.

可能の形になった動詞はグループIIの動詞と同じように形が変わります。

例： 言えます（＝グループIIの動詞）→ 言えない 言えて
　　 言います（＝グループIの動詞）→ 言わない 言って

形の練習

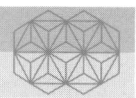

れんしゅう

1. つぎの 動詞を「可能の形」に して ください。
   例　切る　　　　　→　　切れる
   1　住む　　　　　→　_____
   2　入れる　　　　→　_____
   3　かえす　　　　→　_____
   4　ひく　　　　　→　_____
   5　れんしゅうする→　_____
   6　のぼる　　　　→　_____
   7　持って くる　→　_____
   8　歌う　　　　　→　_____
   9　おぼえる　　　→　_____
   10　走る　　　　 →　_____
   11　生きる　　　 →　_____
   12　持つ　　　　 →　_____
   13　あそぶ　　　 →　_____
   14　着る　　　　 →　_____
   15　きめる　　　 →　_____

2. （　）の 中の 動詞を「可能の形」に して ください。
   1　この 図書館では 一人 10さつまで 本が _____ます。（借りる）
   2　おさけは ぜんぜん _____ません。（飲む）
   3　金曜日は 夜 8時まで _____ますか。（働く）
   4　車が _____ますか。（運転する）
   5　ここでは けいたい電話は _____ません。（使う）

4．可能の形 — 19

5. 「〜ば・〜なら」の形

→ 第1部14課-②

【動詞　Động từ】

Ⅰ	辞書形 -u → -eば (Dạng nguyên thể) すう → す**え**ば 歩く → 歩**け**ば 急ぐ → 急**げ**ば 貸す → 貸**せ**ば 待つ → 待**て**ば 死ぬ → 死**ね**ば とぶ → と**べ**ば 住む → 住**め**ば 作る → 作**れ**ば ある → あ**れ**ば	すわない → すわなければ 歩かない → 歩かなければ 急がない → 急がなければ 貸さない → 貸さなければ 待たない → 待たなければ 死なない → 死ななければ とばない → とばなければ 住まない → 住まなければ 作らない → 作らなければ ない → なければ
Ⅱ	見る → 見れば いる → いれば	見ない → 見なければ いない → いなければ
	ねる → ねれば しめる → しめれば	ねない → ねなければ しめない → しめなければ
Ⅲ	する → すれば 来る → 来れば	しない → しなければ 来ない → 来なければ

【イ形容詞　Tính từ đuôi イ】

高い → 高ければ 例外 いい → よければ (Ngoại lệ)	高くない → 高くなければ 例外 よくない → よくなければ (Ngoại lệ)

【ナ形容詞　Tính từ đuôi ナ／名詞　Danh từ】

しずか → しずかなら 雨 → 雨なら	しずかではない → しずかでなければ 雨ではない → 雨でなければ

20 ── 形の練習

れんしゅう

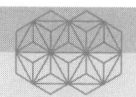

1. つぎの 言葉を 「〜ば・〜なら」の 形に して ください。
   例　切る　→　切れば
   　　元気　→　元気なら

   1　会う　→　_____
   2　つける　→　_____
   3　けす　→　_____
   4　たのむ　→　_____
   5　できる　→	_____
   6　来る　→	_____
   7　行く　→	_____
   8　間に合う　→	_____
   9　飲まない　→	_____
   10　聞かない　→	_____
   11　わからない　→	_____
   12　安い　→	_____
   13　むずかしい　→	_____
   14　きれい　→	_____
   15　遠くない　→	_____
   16　ひま　→	_____
   17　かんたん　→	_____
   18　重い 病気　→	_____
   19　いそがしくない　→	_____
   20　休みでは ない　→	_____

2. (　)の 中の 言葉を 「〜ば・〜なら」の 形に して ください。
   1　この 病気は 薬を _____、なおりません。(飲まない)
   2　_____、買いません。(安くない)
   3　_____、うれしいです。(いい てんき)
   4　説明を よく _____、わかります。(聞く)
   5　へやが _____、よく ねむれます。(しずかだ)

5.「〜ば・〜なら」の形 — 21

6. う・よう形

→ 第1部18課-[1]

グループ	ます形 ／ 辞書形 → う・よう形 (Dạng -ます) (Dạng nguyên thể) (Dạng -う/よう)
I	-iます／ -u → -oう 買います／ 買う → 買おう みがきます／みがく → みがこう およぎます／およぐ → およごう 出します／ 出す → 出そう 立ちます／ 立つ → 立とう 死にます／ 死ぬ → 死のう よびます／ よぶ → よぼう 飲みます／ 飲む → 飲もう 帰ります／ 帰る → 帰ろう
II	見ます／ 見る → 見よう 起きます／起きる → 起きよう
	ねます／ ねる → ねよう あげます／あげる → あげよう
III	します／する → しよう 来ます／来る → 来よう

☛ Dạng động từ này cũng được dùng như là dạng thường của 〜ましょう.
この形は「〜ましょう」のふつう形としても使われます。

例：・トム「もう 帰ろうか。」
　　　サラ「うん、あした また 来よう。」

れんしゅう

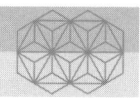

1. つぎの 動詞を 「う・よう形」に して ください。

例　切る　　　→　　切ろう

1　来る　　　→　＿＿＿＿＿＿　　2　やめる　→　＿＿＿＿＿＿
3　さんぽする →　＿＿＿＿＿＿　　4　おく　　→　＿＿＿＿＿＿
5　あびる　　→　＿＿＿＿＿＿　　6　話す　　→　＿＿＿＿＿＿
7　読む　　　→　＿＿＿＿＿＿　　8　急ぐ　　→　＿＿＿＿＿＿
9　入る　　　→　＿＿＿＿＿＿　　10　出る　→　＿＿＿＿＿＿
11　もらう　→　＿＿＿＿＿＿　　12　持つ　→　＿＿＿＿＿＿
13　教える　→　＿＿＿＿＿＿　　14　おりる→　＿＿＿＿＿＿
15　運ぶ　　→　＿＿＿＿＿＿

2. つぎの 動詞を 「う・よう形」に して ください。

1　あした　仕事を　＿＿＿＿＿＿と　思って　います。(休む)
2　テニスを　＿＿＿＿＿＿と　思って　います。(習う)
3　友だちに　お金を　＿＿＿＿＿＿とは　思いません。(借りる)
4　A「まど、しめない？」
　　B「うん、＿＿＿＿＿＿。」(しめる)
5　A「雨が　ふって　きたから、タクシーで　＿＿＿＿＿＿か。」(行く)
　　B「そうだね。そう　＿＿＿＿＿＿。」(する)

7. 受身の形　Dạng bị động

→ 第1部24課-①・②・③

グループ	ます形 → 受身の形 (Dạng -ます) (Dạng bị động)	辞書形 → 受身の形 (Dạng nguyên thể) (Dạng bị động)
I	-iます → -aれます 言います → 言われます なきます → なかれます さわぎます → さわがれます 話します → 話されます 立ちます → 立たれます 死にます → 死なれます よびます → よばれます ふみます → ふまれます しかります → しかられます	-u → -aれる 言う → 言われる なく → なかれる さわぐ → さわがれる 話す → 話される 立つ → 立たれる 死ぬ → 死なれる よぶ → よばれる ふむ → ふまれる しかる → しかられる
II	見ます → 見られます います → いられます ねます → ねられます ほめます → ほめられます	見る → 見られる いる → いられる ねる → ねられる ほめる → ほめられる
III	します → されます 来ます → 来られます	する → される 来る → 来られる

☞ Động từ nhóm II và động từ くる có dạng khả năng và dạng bị động giống nhau.
　グループIIの動詞と「来る」は、「受身の形」と「可能の形」が同じです。

れんしゅう

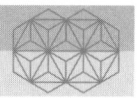

1. つぎの 動詞を 「受身の形」に して ください。

例 切る → 切られる

1 開ける → _____	2 とる → _____
3 たのむ → _____	4 おす → _____
5 わらう → _____	6 そだてる → _____
7 売る → _____	8 立つ → _____
9 すわる → _____	10 食べる → _____
11 すてる → _____	12 たたく → _____
13 持って くる → _____	14 注意する → _____
15 見る → _____	

2. ( )の 中の 動詞を 「受身の形」に して ください。

1 わたしは 林さんの うちに _____ ました。(しょうたいする)
2 どろぼうに さいふを _____ ました。(ぬすむ)
3 女の 人に 道を _____ ました。(聞く)
4 妹に ぼくの おもちゃを _____ ました。(こわす)
5 この 建物は 100年前に _____ ました。(建てる)

7. 受身の形 — 25

8. 使役の形 Dạng sai khiến

→ 第1部25課-①

グループ	ます形 (Dạng -ます)	→	使役の形 (Dạng sai khiến)	辞書形 (Dạng nguyên thể)	→	使役の形 (Dạng sai khiến)
I	-iます	→	-aせます	-u	→	-aせる
	言います	→	言わせます	言う	→	言わせる
	なきます	→	なかせます	なく	→	なかせる
	およぎます	→	およがせます	およぐ	→	およがせる
	話します	→	話させます	話す	→	話させる
	立ちます	→	立たせます	立つ	→	立たせる
	死にます	→	死なせます	死ぬ	→	死なせる
	あそびます	→	あそばせます	あそぶ	→	あそばせる
	飲みます	→	飲ませます	飲む	→	飲ませる
	すわります	→	すわらせます	すわる	→	すわらせる
II	見ます	→	見させます	見る	→	見させる
	います	→	いさせます	いる	→	いさせる
	かけます	→	かけさせます	かける	→	かけさせる
	やめます	→	やめさせます	やめる	→	やめさせる
III	します	→	させます	する	→	させる
	来ます	→	来させます	来る	→	来させる

形の練習

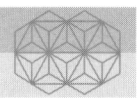

れんしゅう

1. つぎの 動詞を 「使役の形」に して ください。

例　歌う　→　歌わせる

1　書く　→　_____　　2　運ぶ　→　_____
3　走る　→　_____　　4　答える　→　_____
5　休む　→　_____　　6　出す　→　_____
7　手伝う　→　_____　　8　待つ　→　_____
9　急ぐ　→　_____　　10　食べる　→　_____
11　こまる　→　_____　　12　れんしゅうする　→　_____
13　しらべる　→　_____　　14　着る　→　_____

2. (　)の 中の 動詞を 「使役の形」に して ください。

1　わたしは 子どもに へやを _____ます。(かたづける)
2　社長は よく みんなを _____ます。(わらう)
3　子どもを おふろに _____ます。(入る)
4　子どもに 長い 時間 ゲームで _____ません。(あそぶ)
5　先生は 学生を じむ室へ _____ました。(来る)

8．使役の形 — 27

9. 使役受身の形 Dạng bị động sai khiến

→ 第1部25課-②

グループ	辞書形 → (Dạng nguyên thể)	使役受身の形1 (Dạng bị động sai khiến - 1)	使役受身の形2 (Dạng bị động sai khiến - 2)
I	-u →	-aされる *1	-aせられる
	はらう →	はらわされる	はらわせられる
	聞く →	聞かされる	聞かせられる
	急ぐ →	急がされる	急がせられる
	話す →	——— *2	話させられる
	立つ →	立たされる	立たせられる
	運ぶ →	運ばされる	運ばせられる
	飲む →	飲まされる	飲ませられる
	すわる →	すわらされる	すわらせられる
II	着る →	———	着させられる
	いる →	———	いさせられる
	ねる →	———	ねさせられる
	考える →	———	考えさせられる
III	する →	———	させられる
	来る →	———	来させられる

☞ *1 Động từ nhóm I hay được chia ở dạng bị động sai khiến 1 (-aされる) hơn.
  *2 Tuy nhiên những động từ ở dạng nguyên thể có kết thúc bằng す (như はなす, だす, おす, v.v.) và những động từ nhóm II, nhóm III thì không có dạng "-aされる".

*1 グループIの動詞は使役受身の形1 (「-aされる」) の方がよく使われます。
*2 ただし、辞書形が「す」で終わる動詞 (話す・出す・おすなど) と、グループIIの動詞、グループIIIの動詞は「-aされる」の形はありません。

れんしゅう

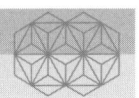

1. つぎの 動詞を「使役受身の形」に して ください。
   例 歌う → 歌わされる（歌わせられる）
   1 なく →
   2 持つ →
   3 読む →
   4 出す →
   5 やめる →
   6 答える →
   7 帰る →
   8 買う →
   9 およぐ →
   10 すわる →
   11 待つ →
   12 つける →
   13 する →

2. ( )の 中の 動詞を「使役受身の形」に して ください。
   1 社長に 日曜日も 会社に ＿＿＿＿＿ます。（来る）
   2 兄に ご飯を ＿＿＿＿＿ました。（作る）
   3 父に 家の 仕事を ＿＿＿＿＿ました。（手伝う）
   4 子どもの ころ、きらいな やさいを ＿＿＿＿＿ました。（食べる）
   5 テレビを 見て いる とき、母に 買い物に ＿＿＿＿＿ました。（行く）

9．使役受身の形

実力養成編　第1部　意味機能別の文法形式

Luyện phát triển kỹ năng

Phần 1: Các hình thức ngữ pháp phân chia theo chức năng ngữ nghĩa

1課　～より…／～ほど…ません　　～より～のほう　～と～とどちら

1　～より…／～ほど…ません

① この　アパートは　前の　アパートより　べんりです。
② わたしは　いつも　両親より　早く　起きます。
③ わたしは　何より　音楽が　好きです。
④ A「この　町は　今は　にぎやかですが、むかしは　どうでしたか。」
　 B「むかしは　今ほど　にぎやかでは　ありませんでしたよ。」

　　名　+より　　　名　+ほど…ません

> Là cách nói để so sánh mức độ của sự vật, sự việc được đưa ra làm chủ đề trong câu với một sự vật sự việc khác. Ví dụ ③ diễn tả mức độ cao nhất bằng mẫu câu "từ nghi vấn +より". Ví dụ ④ lại sử dụng mẫu câu dạng phủ định ～ほど…ません.
> 話題として取り上げたものの程度を、ほかのものと比べる言い方。「疑問詞＋より」の形で最上級を表す（③）。否定文では「～ほど…ません」という形で使う（④）。

2　～より～のほう

① わたしより　弟の　ほうが　せが　高いです。
② 前の　テキストの　ほうが　この　テキストより　よかったです。
③ わたしは　ご飯より　パンの　ほうを　よく　食べます。

　　名₁　+より+　名₂　+のほう

> Được sử dụng để so sánh hai sự vật, sự việc, trong đó cái này (Danh từ 2) lớn hơn cái kia (Danh từ 1) về mức độ (Danh từ 2 > Danh từ 1). Thông thường, không sử dụng trong câu phủ định.
> 二つのものを比べて、一方（名₂）が他方（名₁）より程度が上（名₂＞名₁）であることを表す。ふつう、否定文では使わない。

3　～と～とどちら

① コーヒーと　紅茶と　どちらが　いいですか。
② A「東駅まで　バスと　電車と　どちらが　安いですか。」
　 B「バスの　ほうが　10円　安いです。」
③ A「テレビで　アニメと　ニュースと　どちらを　よく　見ますか。」
　 B「どちらも　あまり　見ませんが……。」

　　名₁　+と+　名₂　+とどちら

> Dùng để so sánh và hỏi xem cái nào hơn. Câu trả lời cho mẫu câu hỏi so sánh này là ～のほう/どちらも (②③).
> 二つのものの程度を比べて聞く言い方。この質問にはふつう「～のほう／どちらも」の形で答える（②③）。

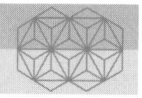

れんしゅう1 　□から いちばん いい ものを えらんで ください。
　　　　　　　（一つの 言葉を 2回ずつ 使います。）

　　　a より　　b ほど　　c の ほう　　d どちら　　e どちらも

1　日本では 1月と 2月と（　）が 寒いですか。
2　ぼくは だれ（　）彼女が 好きなんだ。
3　わたしは サラさん（　）日本語が 上手では ありません。
4　A「暑いですね。わたしは 夏(①　)冬(②　)が 好きです。」
　　B「そうですか。わたしは（③　）好きですよ。」
5　この へやは となりの へや（　）暑くない。
6　A社の カメラと B社の カメラと（①　）が べんりかなあ。
　　A社の カメラ(②　)が 安いんだけど……。
7　この くつと あの くつ……わあ、（　）いいから、きめられないなあ。

れんしゅう2 　aか bか いい ほうを えらんで ください。
1　肉料理と 魚料理と どちらが （a 好きですね　b 好きですか）。
2　わたしは 兄ほど （a いそがしいです　b いそがしくないです）。
3　わたしの うちでは、母が （a いちばん　b だれほど）早く 家を 出ます。
4　ジュースと お茶と （a どちらを　b どれを）たくさん 飲みますか。
5　トム「ここから 東駅と 西駅と どちらが 近いですか。」
　　山田「（a 西駅が いちばん 近いです　b 西駅の ほうが 近いです）。」
6　1週間の 中で （a 金曜日が　b 金曜日の ほうが）いちばん きゃくが 多い。
7　A「メールと 電話と どちらを よく 使いますか。」
　　B「そうですねえ。（a 電話ほど 使いません　b メールの ほうを よく 使います）。」
8　トム「この ドラマより きのうの ドラマの ほうが おもしろかったね。」
　　サラ「そうね。この ドラマは （a きのうのほど よくないね　b きのうのより
　　　　いいね）。」

2課　～ながら…　～ところです　～まで…・～までに…

1　～ながら…

① きれいな 海を 見ながら さんぽしました。
② 母は 音楽を 聞きながら 料理を 作ります。
③ アルバイトを しながら 大学に 通いました。

動 ます ＋ながら

Diễn tả lúc thực hiện một hành động chính là (…) thì đồng thời thực hiện kèm theo một hành động khác là (～). Đi với những động từ diễn tả hành động mang tính liên tục.
主となる動作（…）を行うときに、同時に別の動作（～）を付帯的に行うことを表す。継続的な動作を表す動詞につく。

2　～ところです

① あ、試合が 始まる ところですよ。早く、早く。
② 今、インターネットで 店の 場所を しらべて いる ところです。
③ サラ「もしもし、今 どこ？ もう 駅に いるの？」
　　トム「うん、ちょうど 今 駅に 着いた ところだよ。」

動 辞書形／ている／た形 ＋ところです

Diễn tả một giai đoạn nào đó của một hành động hay sự biến đổi. Tùy theo dạng thức của động từ đứng phía trước nó mà giai đoạn đó khác nhau: ngay trước khi xảy ra (dạng nguyên thể ＋ところ), đang xảy ra (ている ＋ ところ), ngay sau khi xảy ra (dạng -た＋ ところ).
行為や変化のどの段階であるかを表す。前につく動詞の形によって段階が違う。直前（辞書形＋ところ）、進行中（ている＋ところ）、直後（た形＋ところ）。

3　～まで…・～までに…

① ひこうきの 出発時間まで ここで 待って います。
② この 仕事が 終わるまで 帰らないで ください。
③ 二十日までに 旅行の お金を はらいます。
④ おきゃくさんが 来るまでに へやを かたづけてね。

名・動 辞書形 ＋まで・までに

Mẫu câu thể hiện giới hạn về thời gian. Sau ～まで thường là những câu thể hiện hành động hoặc trạng thái liên tiếp. Sau ～までに thường là những câu thể hiện hành động nhất thời.
時間の限度を表す。「～まで」の後には継続的な動作や状態を表す文が来る。「～までに」の後には瞬間的な動作を表す文が来る。

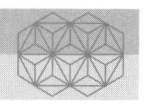

れんしゅう1 （　）の 中の 言葉を 正しい 形に して、書いて ください。

1 兄は 「うん、うん」と ＿＿＿＿＿ながら、わたしの 話を 聞きました。（言う）
2 A「あれ？ まだ 仕事が あるの？」
　 B「いえ、今 ＿＿＿＿＿ ところです。」（帰る）
3 もしもし、今、駅に 向かって ＿＿＿＿＿ ところです。あと 5、6分で 着きます。（歩く）
4 けん「お母さん、ばんご飯、まだ？」
　 母 「今 ＿＿＿＿＿ ところよ。もう 少しで 食べられるよ。」（作る）
5 コンサートが ＿＿＿＿＿ ところですね。人が たくさん 会場から 出て きましたよ。（終わる）
6 わたしは 日本に ＿＿＿＿＿まで ドイツに 住んで いました。（来る）

れんしゅう2 いちばん いい ものを えらんで ください。

1 子どもは （　） 学校の ことを 話した。
　　a なきながら　　　　b 立ちながら　　　　c 大きい 声を 出しながら
2 あの いすに （　） 話しましょう。
　　a すわって　　　　　b すわりながら　　　c すわる ところで
3 雨が （　）から、タクシーで 行きましょう。
　　a ふって　　　　　　b ふって いる　　　　c ふった ところだ
4 この シャツの クリーニング、土曜日（　）できますか。
　　a から　　　　　　　b まで　　　　　　　　c までに
5 リーさんは この ニュースを もう （　）でしょうか。
　　a 知る ところ　　　b 知って いる　　　　c 知って いる ところ
6 試験が （　） 教室に 入って ください。
　　a 始まる ところ　　b 始まって　　　　　　c 始まるまでに

2課　～ながら…　～ところです　～まで…・～までに…

3課　〜ませんか　〜ましょう(か)

1　〜ませんか

①A「ひさしぶりに　テニスを　しませんか。」
　B「あ、いいですね。」
②A「あした、うちに　来ませんか。」
　B「あの、あしたは　ちょっと……。」
③トム「これ、食べない？　おいしいよ。」
　サラ「じゃ、一つ　もらうね。」

動 ます　＋ませんか

Được dùng trong trường hợp đưa ra lời mời hoặc gợi ý. Cũng có khi là trường hợp người nói và đối phương cùng làm (①) và cũng có khi là trường hợp chỉ có đối phương làm (② ③).
提案したり勧誘したりするときに使う。一緒にする場合(①)も、相手だけがする場合(②③)もある。

2　〜ましょう(か)

①A「もう　5時ですね。」
　B「じゃ、帰りましょうか。」
②A「いっしょに　食事を　しませんか。」
　B「いいですね。何を　食べましょうか。」
　A「すしを　食べませんか。」
　B「そうですね。じゃ、行きましょう。」
③A「電気、つけましょうか。」
　B「ええ、おねがいします。」
④トム「その　にもつ、持とうか。」
　サラ「あ、ありがとう。」

動 ます　＋ましょう(か)

Có thể dùng khi đưa ra gợi ý về việc người nói cùng người nghe thực hiện một hành động mà người nghe đã đồng ý (① ②) hoặc đưa ra lời đề nghị để người nói thực hiện hành động nào đó cho người nghe (③ ④). Trong hội thoại với người thân ta có thể dùng ở dạng う／よう (trang 22) (④).
相手の合意のある行為を一緒にすることを提案するとき(①②)や、自分がすることを申し出るとき(③④)に使う。親しい人との会話では「う・よう」の形(→22ページ)になる(④)。

れんしゅう1　（　）の 中の 言葉を 正しい 形に して、書いて ください。

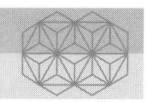

1　A「どこかで お茶を ①＿＿＿＿＿ませんか。」（飲む）
　　B「そうですね。あの 店に ②＿＿＿＿＿ましょう。」（入る）

2　A「これから 花見に 行くんですが、Bさんも ＿＿＿＿＿ませんか。」（行く）
　　B「あ、今日は ちょっと……。」

3　トム「サラ、いそがしい？ ＿＿＿＿＿か。」（手伝う）
　　サラ「うん、ありがとう。」

4　A「あそこに ①＿＿＿＿＿ましょうか。」（すわる）
　　B「そうですね。そう ②＿＿＿＿＿ましょう。」（する）

れんしゅう2　aか bか いい ほうを えらんで ください。

1　A「駅まで 行くんですか。じゃ、車で （a 送りませんか　b 送りましょうか）。」
　　B「ありがとうございます。」

2　トム「この 本、おもしろかったよ。（a 読んで みない？　b 読んで みようか。）」
　　サラ「うん、読んで みる。」

3　サラ「かさが ないの？ この かさを（a 貸さない？　b 貸そうか。）」
　　トム「ありがとう。」

4　A「日曜日、いっしょに 海へ 行きませんか。」
　　B「いいですね。どうやって （①a 行きませんか　b 行きましょうか）。」
　　A「車で 行きませんか。運転しますよ。」
　　B「車が あるんですか。じゃ、そう （②a しませんね　b しましょう）。」

5　A「行き方は わかりますか。地図を かきましょうか。」
　　B「ええ、（a かきましょう　b かいて ください）。」

6　A「いい 天気ですね。少し さんぽしませんか。」
　　B「そうですね。（a さんぽしましょう　b さんぽして ください）。」

4課　～(られ)ます　～ができます・～ことができます　見えます・聞こえます

1　～(られ)ます

① ジョーさんは　英語と　日本語と　中国語が　話せます。
② はなちゃんは　まだ　一人で　服が　着られません。
③ この　びじゅつかんでは　有名な　えが　見られます。
④ この　水は　飲めません。
　→可能の形　18ページ

> Diễn tả một năng lực có thể làm một việc gì đó (① ②) hoặc một hoàn cảnh có thể thực hiện được hành động nào đó luôn sẵn sàng (③). Cũng có khi diễn tả một việc mang tính khả năng như là tính chất của vật, giống như ví dụ ④. Dùng những động từ diễn tả những hành động có ý chí của con người. Nhiều khi trợ từ mục đích を được thay thế bằng trợ từ が như ở ví dụ ① ②.
> (ちゅうごくごをはなす、ふくをきる→ちゅうごくごがはなせる、ふくがきられる)
> 能力があること(①②)や可能な状況が整っていること(③)を表す。④のように物の性質として可能なことを表すこともある。人の意志的な行為を表す動詞を使う。①②のように目的語の助詞「を」を「が」にすることが多い。(中国語を話す、服を着る→中国語が話せる、服が着られる)

2　～ができます・～ことができます

① この　コンビニでは　24時間　買い物が　できます。
② 今、この　建物の　中には　入る　ことが　できません。
③ わたしは　日本の　県の　名前を　ぜんぶ　言う　ことが　できます。

　名　＋ができます
　動　辞書形　＋ことができます

> Diễn tả một hoàn cảnh có thể thực hiện được hành động nào đó luôn sẵn sàng (① ②) hoặc một năng lực có thể làm một việc gì đó (③). Người ta thường dùng những động từ thể hiện hành động mang tính ý chí của con người đối với mẫu câu này. Là cách nói cứng nhắc hơn so với cách nói ～(られ)ます.
> 可能な状況が整っていること(①②)や能力があること(③)を表す。人の意志的な行為を表す動詞を使う。「～(られ)ます」よりもやや改まった言い方。

3　見えます・聞こえます

① いい　へやですね。まどから　海が　見えます。
② めがねが　ありませんから、よく　見えません。
③ 風の　音が　聞こえるね。

　名　＋が見えます・が聞こえます

> Diễn tả những sự việc lọt vào mắt, vào tai một cách tự nhiên.
> 自然に目に入ること、自然に耳に入ることを表す。

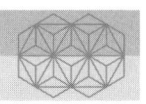

れんしゅう1 （　）の　中の　言葉を　正しい　形に　して、書いて　ください。1～6の　言葉は　可能の形(Dạng khả năng)に　して　ください。

1　ばんご飯は　1時間ぐらいで　_____。（作る）
2　車の　運転が　_____　人を　さがして　います。（する）
3　あの　人の　名前を　わすれた。ぜんぜん　_____。（思い出す）
4　これ、一人で　_____か。（持って　いく）
5　何時まで　ここに　_____か。（いる）
6　A「あした、朝　6時に　ここに　_____か。」（来る）
　　B「はい、だいじょうぶです。」
7　夜、一人で　こわい　映画を　_____　ことが　できますか。（見る）
8　この　クラブには、だれでも　_____　ことが　できます。（入る）

れんしゅう2 いちばん　いい　ものを　えらんで　ください。

1　となりの　へやから　わらって　いる　声が　（　）。
　　a 聞けます　　　b 聞こえます　　　c 聞こえられます
2　音が　小さいですから、よく　（　）。
　　a 聞きません　　b 聞けません　　　c 聞こえません
3　わたしは　ときどき　音楽を　（　）ながら、勉強します。
　　a 聞こえ　　　　b 聞き　　　　　　c 聞け
4　テレビが　こわれて　いるから、ドラマが　（　）。
　　a 見えない　　　b 見ない　　　　　c 見られない
5　あれ？　むこうに　ちょっと　火が　（　）。火事でしょうか。
　　a 見えますね　　b 見ますね　　　　c 見られますね
6　林さんは　おさけが　（　）。
　　a 飲みますか　　b 飲めますか　　　c 飲まれますか
7　大きい　本だなは　たくさん　本が　（　）。
　　a 入ります　　　b 入れます　　　　c 入る　ことが　できます

5課　〜たことがあります　〜ことがあります

1　〜たことがあります

①前に 一度 テレビドラマに 出た ことが あります。
②A「入院した ことが ありますか。」
　B「いえ、一度も ありません。」
③わたしは 今まで 学校を 休んだ ことが ない。
④子どもの ころ、友だちと けんかした ことが 何度も あります。

動た形　＋ことがあります

Diễn tả những kinh nghiệm đã trải qua trong quá khứ. Không sử dụng để diễn tả những việc trong quá khứ gần. Nhiều khi đi cùng với những từ chỉ tần suất như いちど, いちども, なんどか, なんども, không dùng đi kèm với những từ ngữ chỉ việc thường xảy ra như いつも, たいてい.

過去の経験を表す。近い過去のことには使わない。「一度・一度も・何度か・何度も」など、頻度を表す言葉と一緒に使うことが多く、「いつも・たいてい」など、常時を表す言葉といっしょには使わない。

2　〜ことがあります

①母は このごろ 人の 名前を 忘れる ことが あります。
②雪の 日は 道で すべる ことが ありますから、注意して ください。
③サラは ときどき ぼくの 話を 聞いて いない ことが ある。
④A「毎朝 何時ごろ 朝ご飯を 食べますか。」
　B「いつもは 7時に 食べますが、時間が ない ときは 食べない ことも あります。」

動辞書形／ない形　＋ことがあります

Được dùng khi muốn nói về những việc xảy ra một cách đặc biệt. Không dùng với những việc có tần suất xảy ra lớn. Cũng có thể được dùng với dạng 〜こともあります như ví dụ ④.

特別なことが起こると言いたいときに使う。回数が非常に多い場合には使わない。「〜こともあります」という形でも使われる（④）。

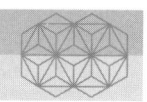

れんしゅう1 （　）の 中の 言葉を 正しい 形に して、書いて ください。
1　わたしたちは 前に どこかで ＿＿＿＿＿＿ ことが ありますよね。（会う）
2　こんなに むずかしい 問題は 今まで ＿＿＿＿＿＿ ことが ありません。（考える）
3　にもつが 多い ときは、タクシーに ＿＿＿＿＿＿ ことも あります。（乗る）
4　さいきん、なかなか ＿＿＿＿＿＿ ことが あります。（ねむれる）
5　わたしは まだ スキーを ＿＿＿＿＿＿ ことが ありません。（する）
6　雨の 日に 自転車は だめだよ。けがを ＿＿＿＿＿＿ ことも あるよ。（する）

れんしゅう2　aか bか いい ほうを えらんで ください。
1　A「この 歌を 知って いますか。」
　　B「いえ、（a 聞かなかった ことが あります　b 聞いた ことが ありません）。」
2　あ、この 映画は 前に （a 見た ことが ある　b 見る ことが あった）。
3　A「富士山に のぼった ことが ありますか。」
　　B「ええ、若い ころは 毎年 （a のぼりましたよ　b のぼった ことが ありますよ）。」
4　先週 はじめて マラソン大会に （a 出ました　b 出た ことが ありました）。
5　この 赤ちゃんは よく （a わらいますね　b わらう ことが ありますね）。
6　日本に 来る 前には 海を 見た ことが （a ありません　b ありませんでした）。日本に 来て、はじめて 見ました。
7　A「毎日 自分で おべんとうを 作るの？ たいへんでしょうね。」
　　B「毎日では ありません。たまに （a 作った ことは ありませんよ　b 作らない ことも ありますよ）。」
8　わたしは いつも この 店で パンを （a 買って います　b 買う ことが あります）。

まとめ問題（1課～5課）

もんだい1 （　）に 何を 入れますか。1・2・3・4から いちばん いい ものを 一つ えらんで ください。

1　きのうは 暑かったですが、今日は きのう（　） 少し すずしいですね。
　　1　から　　　　2　まで　　　　3　ほど　　　　4　より

2　わたしは 日本に 来る（　） タイの 会社で 働いて いました。
　　1　まで　　　　2　までに　　　3　までで　　　4　までの

3　コーヒーを（　） ビデオを 見る 時間が とても 好きだ。
　　1　飲む とき　　　　　　　　2　飲んだり
　　3　飲みながら　　　　　　　　4　飲んで いる ところで

4　A「その 仕事、わたしが やりましょうか。」
　　B「あ、いいですか。じゃ、（　）。」
　　1　やります　　　　　　　　　2　やれます
　　3　やって ください　　　　　4　やりましょう

5　A「ほら、（　） でしょう？ 鳥の なき声が……。」
　　B「あ、ほんとうだ。ピピピ、ピピピと ないて いますね。」
　　1　聞く　　　　2　聞こえる　　3　聞ける　　　4　聞かれる

6　A「あ、この 花、どこかで（　）。」
　　B「去年 のぼった さくら山に たくさん さいて いましたね。」
　　1　見る ことが あります　　　2　見た ことが あります
　　3　見る ところです　　　　　4　見た ところです

もんだい2 ＿＿★＿＿に 入る ものは どれですか。1・2・3・4から いちばん いい ものを 一つ えらんで ください。

1　びじゅつかんへ ＿＿＿ ＿＿＿ ★ ＿＿＿ ところですよ。急いで ください。
　　1　行く　　　　2　出る　　　　3　バスが　　　4　9時の

2　この 子は わたしが ＿＿＿ ＿＿＿ ★ ＿＿＿ でしょうか。
　　1　家に いられる　　　　　　　2　帰って くる
　　3　一人だけで　　　　　　　　4　まで

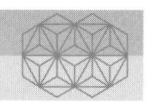

3 A「もう 昼ご飯を 食べましたか。駅前の ラーメン屋に 行きませんか。」
　B「あの、今 ____ ____ ★ ____ ところなんです。」
　1 食べた　　　　2 買った　　　　3 コンビニで　　4 おべんとうを

もんだい3 ① から ④ に 何を 入れますか。文章の 意味を 考えて、1・2・3・4から いちばん いい ものを 一つ えらんで ください。

　お母さん、お元気ですか。ホームステイの ときは ありがとうございました。わたしは 元気ですから、しんぱいしないで ください。日本の 生活にも もう ① 。毎日 スーパーで 買い物を して、自分で 料理を 作って います。でも、まだ 上手に ② 。料理の 本を 見ながら 作りますが、お母さんの 料理ほど おいしくないです。先週の 日曜日に 学校の 友だちと いっしょに てんぷらを 作りました。写真を 見て ください。これが はじめて ③ わたしたちの てんぷらです。
　夏休みは 3週間だけですが、いろいろな 計画を 考えて います。その 前に 試験が あります。試験まで 毎日 いそがしいです。でも、その 後は 楽しい 夏休みですから、④ 。試験の 後で、また お手紙を 書きます。さようなら。
　　　　　　　　　　　　　　　　　　　　　　　　　　　　　　サラ

① 1 なれます　　　　　　　　　　2 なれました
　 3 なれる ところです　　　　　　4 なれて いる ところです
② 1 作りません　　　　　　　　　2 作りませんでした
　 3 作れません　　　　　　　　　4 作れませんでした
③ 1 作った　　　　　　　　　　　2 作って いた
　 3 作った ことが ない　　　　　4 作る ことが ある
④ 1 がんばります　　　　　　　　2 がんばりましょう
　 3 がんばって ください　　　　 4 がんばって いました

6課　〜てもいいです／〜てはいけません　〜なくてもいいです／〜なければなりません

1　〜てもいいです／〜てはいけません

① トム　　「ここに　すわっても　いいですか。」
　女の　人「ええ、どうぞ。」
② 安い　へやを　さがして　います。せまくても　いいです。
③ はなちゃん、一人で　川に　行っては　いけないよ。
④ 入社試験の　ときの　服は、Tシャツでは　いけません。

　　動 て形・イ形 い-くて・ナ形 な-で・名 で　＋もいいです
　　動 て形・イ形 い-くて・ナ形 な-で・名 で　＋はいけません

> Mẫu câu 〜てもいいです diễn tả sự cho phép hoặc nhượng bộ. 〜てはいけません diễn tả sự nghiêm cấm.
> 「〜てもいいです」は許可や譲歩を表す。「〜てはいけません」は禁止を表す。

2　〜なくてもいいです／〜なければなりません

① 医者　　　「もう　薬を　飲まなくても　いいですよ。」
　病気の　人「そうですか。ああ、よかった。」
② いい　ホテルは　ありませんか。駅に　近くなくても　いいです。
③ お母さん、はこ、ない？　じょうぶでなくても　いいよ。
④ Eメールの　へんじを　書かなければ　なりません。
⑤ ここの　サインは　あなたのでなければ　なりません。

　　動 ない・イ形 い-く・ナ形 な-で・名 で　＋なくてもいいです
　　動 ない・イ形 い-く・ナ形 な-で・名 で　＋なければなりません

> Mẫu câu 〜なくてもいいです diễn tả sự không cần thiết hoặc sự nhượng bộ. 〜なければなりません diễn tả sự cần thiết hoặc nghĩa vụ phải làm gì đó.
> 「〜なくてもいいです」は必要がないことや譲歩を表す。「〜なければなりません」は必要であることや義務を表す。

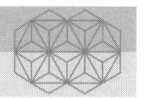

れんしゅう1 （　）の　中の　言葉を　正しい　形に　して、書いて　ください。

1　この　へやで　おべんとうを ＿＿＿＿＿＿＿ も　いいですか。（食べる）
2　もう　おそいですから、仕事の　つづきは ＿＿＿＿＿＿＿ も　いいですよ。（あした）
3　あぶないですから、この　川で ＿＿＿＿＿＿＿ は　いけません。（およぐ）
4　テストの　とき、となりの　人の　答えを ＿＿＿＿＿＿＿ は　いけません。（見る）
5　今日は　休みの　日だから、何も ＿＿＿＿＿＿＿ も　いい。（する）
6　小さい　物を　入れますから、ふくろは　あまり ＿＿＿＿＿＿＿ も　いいです。
　　　　　　　　　　　　　　　　　　　　　　　　　　　（大きい）
7　朝の　ひこうきに　乗りますから、早く ＿＿＿＿＿＿＿ ば　なりません。（起きる）
8　ひっこしの　前に、にもつを　はこに ＿＿＿＿＿＿＿ ば　ならない。（入れる）

れんしゅう2　aか　bか　いい　ほうを　えらんで　ください。

1　パンフレットは　ただですから、お金を　（a　はらっても　いいです
　　b　はらわなくても　いいです）。
2　この　はこには　さらが　入って　いますから、気を　つけて　（a　運んでも
　　いいです　　b　運ばなければ　なりません）。
3　サラ「この　紙は　もう　すてても　いいですか。」
　　先生「いいえ、（a　すてては　いけませんよ　　b　すてなくても　いいですよ）。」
4　トム「旅行の　とき、タオルは　ひつようですか。」
　　先生「いいえ、（a　持って　いっても　いいですよ　　b　持って　いかなくても
　　　　いいですよ）。」
5　A「ここで　たばこを　（a　すっても　いいですか　　b　すわなければ　なりませんか）。」
　　B「すみません、あそこで　すって　ください。」
6　車が　ほしいな。（a　新しくても　いい　　b　新しくなくても　いい）けど、大きい
　　車が　いいな。
7　【動物園で】
　　「大人は　500円ですか。あの、子どもも　お金を　（a　はらわなくても　いいですか
　　　b　はらわなければ　なりませんか）。」

6課　〜てもいいです／〜てはいけません　〜なくてもいいです／〜なければなりません ── 45

7課　〜がほしいです・〜たいです　〜といいです

1　〜がほしいです・〜たいです

①わたしは　自分の　へやが　ほしいです。
②おもちゃが　いっぱい　あるね。けんが　ほしいのは　どれ？
③ああ、ゆっくり　本が　読みたいなあ。
④ぼく、この　薬、飲みたくないよ。
⑤7時の　新幹線に　乗りたかったのですが、間に合いませんでした。
⑥うちの　犬は　いつも　わたしが　食べて　いる　物を　ほしがります。
⑦あんな　寒い　所には　だれも　行きたがりませんよ。

　名が　＋ほしいです　　　名を　＋ほしがります
　動ます　＋たいです・たがります

Diễn tả hy vọng, ý muốn của người nói. Cũng có trường hợp có thể sử dụng trợ từ が thay cho trợ từ を (ほんをよむ→ほんがよみたい) như trong ví dụ ③. Trong trường hợp diễn tả hy vọng, ý muốn của người thứ 3 thì dùng mẫu câu 〜がります như trong ví dụ ⑥⑦.
話者の希望・欲求を表す。③のように、目的語の助詞「を」を「が」にする場合もある（本を読む→本が読みたい）。第三者の希望・欲求を表す場合は「〜がります」の形になる（⑥⑦）。　　　→8課2

2　〜といいです

①いい　仕事が　見つかると　いいですね。
②運動会の　日、雨が　ふらないと　いいですけど……。
③のどが　いたいの？　悪い　かぜでないと　いいけど……。
④へやが　もっと　広いと　いいけどなあ。
⑤ホームステイの　家族が　みんな　親切だと　いいなあ。

　ふつう形（「-た・-なかった」は使わない）　＋といいです

Mẫu câu này miêu tả tình trạng người nói đang hy vọng điều gì đó. Nhiều khi đi kèm với những động từ vô ý chí của người nói (động từ vô ý chí/động từ mang ý nghĩa khả năng/động từ có chủ ngữ là ngôi thứ 3, v.v.). Thường kèm theo những từ cuối câu như ね／けど／なあ v.v..
話者が希望している状況を表す。話者の意志を含まない動詞（無意志動詞・可能の意味の動詞・三人称が主語になる動詞など）につく。文末に「ね・けど・なあ」などをつけることが多い。

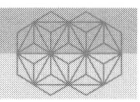

れんしゅう1 （　）の 中の 言葉を 正しい 形に して、書いて ください。

1 前は 服が たくさん ①＿＿＿＿＿＿が、今は あまり ②＿＿＿＿＿＿です。
(ほしい)
2 今日は 早く ＿＿＿＿＿＿たいなあ。(帰る)
3 弟は からい 物を ＿＿＿＿＿＿たがります。(食べる)
4 あしたの パーティーに サラさんも ＿＿＿＿＿＿と いいですね。(来る)
5 食堂の 昼ご飯が ＿＿＿＿＿＿と いいけどなあ。(おいしい)
6 こんばんは ゆっくり テレビを 見よう。おもしろい ばんぐみが ＿＿＿＿＿＿と いいなあ。(ある)

れんしゅう2 いちばん いい ものを えらんで ください。

1 赤ちゃんが （　） ほしがって いますよ。
　a ミルクが　　　　b ミルクに　　　　c ミルクを
2 ほら、見て。犬が 外に （　）。
　a 出たいです　　b 出たがって います　　c 出たがります
3 あ、これ、わたしが 前から （　） DVDです。
　a 見たかった　　b 見たがった　　c 見たがって いた
4 日曜日には デパートで （　）です。
　a 買い物が ほしい　　b 買い物が したい　　c 買う物が ほしい
5 さようなら。また いつか どこかで （　） いいですね。
　a 会えて　　　b 会うと　　　c 会えると
6 早く 春が （　）ですね。
　a 来たい　　　b 来ると いい　　　c 来るのが ほしい
7 川中「山口さん、飲み物は？」
　山口「そうですね。（　）。」
　a ビールが 飲みたいです　　b ビールを 飲むと いいです
　c ビールを ほしがります

7課　〜がほしいです・〜たいです　〜といいです

8課　〜そうです　〜がっています・〜がります　〜まま…

1　〜そうです

①あ、テーブルの　上の　コップが　おちそうですよ。
②わあ、おいしそうな　ケーキですね。
③ジョンさんは　しんぱいそうに　電話で　話して　います。
④夏休みには　国へ　帰れそうです。
⑤とても　いい　天気です。雨は　ふりそうも　ありませんね。

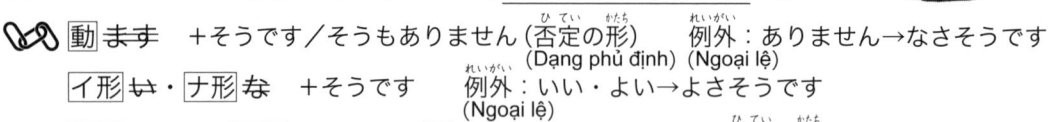

> 動ます　+そうです／そうもありません（否定の形）　例外：ありません→なさそうです
> （Dạng phủ định）（Ngoại lệ）
> イ形い・ナ形な　+そうです　　例外：いい・よい→よさそうです
> 　　　　　　　　　　　　　　（Ngoại lệ）
> イ形い-く・ナ形な-では・名では　+なさそうです（否定の形）
> 　　　　　　　　　　　　　　　　（Dạng phủ định）

> Là cách nói diễn tả những dấu hiệu về chuyện gì đó sắp xảy ra như ví dụ ①, những dự đoán về tính chất, trạng thái của sự vật sự việc sau khi quan sát chúng như ví dụ ② ③ hoặc phán đoán, dự cảm dựa trên quan sát bề ngoài hoặc tình trạng của sự vật như ví dụ ④ ⑤.
> 外観や状況から、何かが起きる兆候（①）、性質・様子（②③）を推察して述べたり、判断・予感（④⑤）などを述べたりする言い方。

2　〜がっています・〜がります

①犬が　死にました。母は　さびしがって　います。
②子どもたちは　おもしろがって　ゲームで　あそんで　います。
③弟は　こわい　話を　いやがります。

> イ形い・ナ形な　+がっています・がります

> Diễn tả mong muốn hoặc tình cảm của ngôi thứ ba (chủ yếu dùng cho người thân thiết hoặc người ở vị trí thấp hơn so với người nói). Khi không phải để diễn tả trạng thái hiện tại mà chỉ đơn thuần là muốn nói về một xu hướng thông thường thì người ta sử dụng dạng 〜がります như ví dụ ③.
> 第三者（主に身内の人や話者より下の立場の人）の欲求・感情の様子を表す。今の様子ではなく、一般的傾向があると言いたいときは「〜がります」の形を使う（③）。
> →7課1

3　〜まま…

①きのう、まどを　開けた　まま　ねました。
②手が　きたない　ままでは　いけないよ。早く　あらって。
③今日は　4月1日ですが、カレンダーが　先月の　ままですよ。

> 動た形／ない形・イ形い・ナ形な・名の　+まま

> Mẫu câu dùng để diễn tả việc một trạng thái nào đó cứ thế tiếp diễn mà không thay đổi. Mẫu câu này thường hay được dùng trong trường hợp nói về một trạng thái không thay đổi dẫn đến một tình trạng không như mong đợi.
> 状態が変わらないで続いている様子を表す。状態が変わらないために好ましくない状態になっていることを言う場合に使われることが多い。

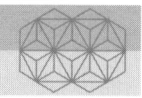

れんしゅう1 （　）の　中の　言葉を　正しい　形に　して、書いて　ください。

1　大きい　じしんが　ありました。本だなが　＿＿＿＿＿＿＿そうでした。（たおれる）
2　少し　つかれました。でも、こんばんは　ゆっくり　＿＿＿＿＿＿＿そうです。
　　　　　　　　　　　　　　　　　　　　　　　　　　　　　　　　　　（ねられる）
3　ほしが　たくさん　出て　いるね。あしたは　天気が　＿＿＿＿＿＿＿そうだね。
　　　　　　　　　　　　　　　　　　　　　　　　　　　　　　　　　　　　（いい）
4　ちょっと　見ましたが、この　店には　いい　品物は　＿＿＿＿＿＿＿そうですよ。
　　　　　　　　　　　　　　　　　　　　　　　　　　　　　　　　　　　　（ない）
5　妹は　＿＿＿＿＿＿＿がって、おきゃくさんに　あいさつしません。（はずかしい）
6　試合に　まけました。みんなは　＿＿＿＿＿＿＿がって　います。（ざんねん）
7　この　村は　いつまでも　＿＿＿＿＿＿＿ままですね。（むかし）
8　スリッパを　＿＿＿＿＿＿＿まま、たたみの　へやに　入らないで　ください。（はく）

れんしゅう2　aか　bか　いい　ほうを　えらんで　ください。

1　（a　わたしは　　b　あの　人は）お金が　ありそうです。
2　わあ、（a　きれいな　　b　きれいそうな）花ですね。
3　あしたは　あまり　（a　寒くなさそう　　b　寒そうも　ない）ですね。
4　わたしは　じこの　話を　聞いて、（a　おどろきました　　b　おどろきそうでした）。
5　弟は　（a　なきそうな　　b　なきそうに）顔で「ごめんね」と　言いました。
6　子どもたちは　（a　楽しそうな　　b　楽しそうに）歌を　歌って　います。
7　わたしは　来週　（a　たいいんしそうです　　b　たいいんできそうです）。
8　ほら、あの子が　おもちゃを　（a　ほしがって　いるよ　　b　ほしがるよ）。
9　ちゅうしゃは　いたいです。（a　わたしは　　b　子どもたちは）とても　いやがります。
10　あの　人は　（a　まじめそうですね　　b　まじめがって　いますね）。
11　バスに　（a　乗って　　b　乗った　まま）仕事へ　行きます。
12　めがねを　かけた　まま　（a　本を　読みました　　b　ねました）。
13　母は　朝　出かけた　まま　（a　まだ　家に　帰りません　　b　すぐ　家に　帰りました）。

8課　〜そうです　〜がっています・〜がります　〜まま…　49

9課　～から…・～からです　　～ので…　　～て…・～くて…・～で…

1　～から…・～からです

① ちょっと 用事が ありますから、今日は 先に 帰ります。
② あぶないから、さわらないで！
③ スピーチが 上手に できませんでした。れんしゅうが 足りなかったからです。

　ふつう形／ていねい形　＋から　　ふつう形　＋からです

　Được sử dụng khi nhấn mạnh về nguyên nhân, lý do, căn cứ.
　原因・理由・根拠を強く言うときに使う。

2　～ので…

① すみません、頭が いたいので、今日は 休みます。
② この 子は まだ 5さいなので、バス代は かかりません。
③ 雨が ふって いたので、今日は さんぽに 行かなかった。

　ふつう形（ナ形だ-な・名だ-な）　＋ので

　Diễn tả nguyên nhân, lý do. Là cách nói lịch sự hơn so với ～から. Các cách nói mệnh lệnh (ví dụ よめ, みろ, こい, v.v.) hay các câu chào hỏi cảm ơn (すみません, ありがとう, v.v.) thường không đi theo sau mẫu câu này.
　原因・理由を表す。「～から」よりも丁寧な言い方。後には命令の文（読め・見ろ・来いなど）やあいさつ表現（すみません・ありがとうなど）は来ない。

3　～て…・～くて…・～で…

① きのうは たくさん 仕事が あって、たいへんでした。
② 友だちが いなくて、さびしい。
③ しんぱいで、よく ねむれませんでした。
④ 教えて くれて、ありがとう。
⑤ おくれて、すみませんでした。

　　動 て形・イ形い-くて・ナ形な-で・名で　　否定の形：～なくて
　　　　　　　　　　　　　　　　　　　　　　　（Dạng phủ định）

　Diễn tả nguyên nhân, lý do. Mẫu này nhiều khi được dùng nhiều hơn so với ～から／～ので trong trường hợp để nêu nguyên nhân lý do của những cảm giác, tình cảm nhất định nào đó. Phía sau mẫu này ngoài những từ ngữ diễn tả cảm xúc như こまる, さびしい, v.v. còn có những từ ngữ thể hiện không có khả năng thực hiện một việc gì đó hoặc những từ chào hỏi như すみません, ありがとう, v.v.. Những câu thể hiện hy vọng, ý muốn, ý định của người nói hay những câu mang ý kêu gọi, thúc giục đối phương hành động sẽ không đi theo mẫu câu này.
　原因・理由を表す。「～から・～ので」よりも、ある感情や感覚の原因・理由を言うことが多い。後には「こまる・さびしい」など、気持ちを表す言葉のほかに、不可能表現や「すみません・ありがとう」などのあいさつ表現が来ることが多い。話者の希望・意向を表す文や相手への働きかけの文は来ない。

れんしゅう1 （　）の 中の 言葉を 正しい 形に して、書いて ください。

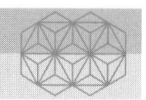

1　ぼくは ＿＿＿＿＿＿から、あまり お金が ない。（学生）
2　あしたは ＿＿＿＿＿＿ので、一日中 家に います。（休み）
3　10年前、まだ ＿＿＿＿＿＿ので、一人で 生活できませんでした。（中学生）
4　きのうは 天気が ＿＿＿＿＿＿ので、サイクリングに 行きました。（いい）
5　ゆっくり お話が ＿＿＿＿＿＿、楽しかったです。（できる）
6　この どうぐは 使い方が ＿＿＿＿＿＿、よく わかりません。（ふくざつ）
7　お手伝いが あまり ＿＿＿＿＿＿、ごめんなさい。（できる）
8　試合に ＿＿＿＿＿＿、ざんねんでした。つぎは がんばりましょう。（かてる）

れんしゅう2　aか bか いい ほうを えらんで ください。

1　けん「はな、もう （a おそいから　b おそいですから）、早く ねよう。」
　　はな「うん。」
2　まだ 時間が （a あるので　b あって）、お茶を 飲みませんか。
3　（a おくれたので　b おくれて）、すみませんでした。
4　しずかに してよ。うるさくて、（a 勉強しないよ　b 勉強できないよ）。
5　先生の 話が よく （a わからないで　b わからなくて）、こまりました。
6　今 （a いそがしいから　b いそがしくて）、ちょっと 待ってね。
7　先週の 会には （a 行けなくて　b 行けなかったから）、今週は かならず 行きますよ。
8　長い 時間 働いて、（a つかれました　b 少し 休みましょう）。
9　トムさんが （a 待って いて　b 待って いるから）、早く 来て。
10　道が わからなくて、（a 行けませんでした　b 人に 聞きます）。
11　サラさんが 教えて くれたので、（a わかりました　b ありがとう）。

10課　～に…　～ため(に)…　～ように…

1　～に…

① 父は　こうえんへ　さんぽに　行きました。
② うちに　さいふを　わすれたので、とりに　帰ります。
③ あした、8時に　友だちが　うちに　むかえに　来る。

　名 する・動 ます　＋に

> Diễn tả mục đích của hành động di chuyển. Những động từ đi kèm mẫu này khá ít, phía trước に là những động từ mang tính ý chí, sau に là những động từ chuyển động có hạn như いきます、きます、かえります、もどります, v.v.. Thường để nêu những mục đích nhẹ nhàng thông thường hàng ngày.
> 移動の目的を表す。「に」の前には意志的動作を表す言葉、後には「行きます・来ます・帰ります・もどります」など、限られた移動動詞が来る。日常的な軽い目的を言う場合に使われる。

2　～ため(に)…

① けっこんしきの　ために、いろいろ　じゅんびを　して　います。
② アニメの　勉強の　ために、日本に　りゅうがくします。
③ 社長は　会議に　しゅっせきする　ため、アメリカへ　行きました。
④ これは　漢字を　れんしゅうする　ための　本です。

　名 の・動 辞書形　＋ため(に)　　　名 の・動 辞書形　＋ための＋ 名

> Diễn tả mục đích của hành động. Đi kèm với những từ ngữ diễn tả hành động mang tính ý chí. Chủ ngữ của câu trước và sau ため(に) là một.
> 行為の目的を表す。意志的行為を表す言葉につく。「ため(に)」の前後の主語は同じ。

3　～ように…

① 話が　よく　聞こえるように、前の　ほうに　すわりましょう。
② いい　風が　入るように、まどを　大きく　開けた。
③ ゆきの　日、学校に　おくれないように、早く　家を　出ました。
④ けがを　しないように、気を　つけてね。

　動 辞書形／ない形　＋ように

> Diễn tả việc mong muốn điều gì đó trở nên ～. Thường đi kèm với những động từ không bao gồm ý chí của người nói (động từ vô ý chí, động từ có ý nghĩa khả năng (①) hay những động từ có chủ ngữ là ngôi thứ 3 (②), v.v.).
> ～になってほしいという期待を表す。話者の意志を含まない動詞(無意志動詞・可能の意味の動詞(①)・三人称が主語になる動詞(②)など)につく。

52　実力養成編　第1部　意味機能別の文法形式

れんしゅう1 （　）の 中の 言葉を 正しい 形に して、書いて ください。
1　あした、東京スカイツリーの ＿＿＿＿＿＿に 行きます。（見物する）
2　あの 人は 毎日 この 店に パンを ＿＿＿＿＿＿に 来ますね。（買う）
3　新しい 会社を ＿＿＿＿＿＿ ために、がんばって います。（つくる）
4　早く ねつが ＿＿＿＿＿＿ように、薬を 飲みました。（下がる）
5　サラ「ああ、わたしは おぼえた 漢字を すぐ わすれる。こまったなあ。」
　　トム「ぼくは ＿＿＿＿＿＿ように、毎日 れんしゅうして いるよ。」（わすれる）

れんしゅう2　いちばん いい ものを えらんで ください。
1　あした 3時に 東駅に 来て ください。駅まで（　）行きます。
　　a　むかえて　　　　b　むかえに　　　　c　むかえるように
2　先生の（　）質問を しに 行きます。
　　a　へやで　　　　　b　へやへ　　　　　c　へやの
3　これは 会話の 力を しらべる（　）試験です。
　　a　ために　　　　　b　ための　　　　　c　ためにの
4　朝 7時の 新幹線に（　）早く 起きます。
　　a　間に合いに　　　b　間に合う ために　c　間に合うように
5　よく（　）、めがねを かけます。
　　a　見える ために　 b　見えるように　　c　見るように
6　外から（　）、カーテンを しめましょう。
　　a　見ない ために　 b　見るように　　　c　見えないように
7　あれ？ さっき サラさんは だれに（　）来たの？
　　a　会いに　　　　　b　会うように　　　c　会えるように
8　弟は やきゅうの（　）行って、今 家に いません。
　　a　れんしゅうに　　b　れんしゅうできる ために　c　れんしゅうするように

10課　〜に…　〜ため(に)…　〜ように…

まとめ問題（1課〜10課）

もんだい1 （　）に 何を 入れますか。1・2・3・4から いちばん いい ものを 一つ えらんで ください。

1 A「今は よやくだけ して ください。お金は 後でも いいですよ。」
　B「あ、今（　）。よかった。」
　1 払っても いいですか　　　2 払わなくても いいですか
　3 払っては いけませんか　　4 払わなければ なりませんか

2 ゆうびんきょくの 人「スミスさん、にもつですよ。はんこを おねがいします。」
　スミス　　　　　　「はんこが ありません。サイン（　）いいですか。」
　1 が　　　2 では　　　3 でも　　　4 だと

3 あれ？ あの 子は こんな 所に かばんを（　）、どこへ 行ったんだろう。
　1 おいたまま　2 おいたから　3 おきながら　4 おくために

4 A「この りんご、まだ 少し 青いですよね。だいじょうぶでしょうか。」
　B「だいじょうぶ。もう（　）そうですよ。」
　1 食べ　　2 食べた　　3 食べられ　　4 食べたがり

5 火を（　）いい 料理は かんたんで いいですよね。
　1 使うと　2 使わないと　3 使っても　4 使わなくても

6 来週、ちょっと わたしの 仕事を（　）来て くれませんか。
　1 手伝って　2 手伝いに　3 手伝うので　4 手伝うように

もんだい2 ＿★＿に 入る ものは どれですか。1・2・3・4から いちばん いい ものを 一つ えらんで ください。

1 ジョンさんに 会えて ＿＿＿ ＿＿＿ ＿★＿ ＿＿＿ 2時間も 話しました。
　1 立った　　　　　　　　2 うれしかった
　3 ので　　　　　　　　　4 まま

2 A「ぼく、一人で 住みたいと 思って、今 へやを さがして いるんだ。」
　B「そう、＿＿＿ ＿＿＿ ＿★＿ ＿＿＿ ね。」
　1 いい　　2 いいの　　3 見つかると　　4 が

54 ── 実力養成編　第1部　意味機能別の文法形式

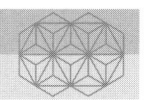

3　A「この　へや、午前の　会議の　ままですね。かたづけましょうか。」
　　B「後で　旅行の　＿＿＿　＿＿＿　★　＿＿＿　かたづけなくても　いいよ。」
　　1　そうだんを　する　　　　　　2　使う
　　3　ために　　　　　　　　　　　4　から

もんだい3　| 1 |から| 4 |に　何を　入れますか。文章の　意味を　考えて　1・2・3・4から　いちばん　いい　ものを　一つ　えらんで　ください。

　　ご近所の　みなさんへ
　　みなさんは　もう　着ない　服、| 1 |おさらや　なべ、かびんなどを
どうしますか。おく　場所が　なくて、すてたいと　思った　ことは　ありませんか。
| 2 |、ちょっと　待って　ください。すてては　いけません。あなたが
使わない　物を　| 3 |売る　ことが　できます。それが　フリーマーケットです。
フリーマーケットは　いらない　物を　売る　所です。そして、ほしい　物が　安い
ねだんで　買える　所です。フリーマーケットは　月に　一度、こうえんの　中で
開きます。売る　物は　| 4 |。新しくなくても　いいです。
　　みなさん、フリーマーケットに　店を　出して　みませんか。

| 1 |　1　使えそうな　　　　　　　　　2　使いたい
　　　3　使いそうも　ない　　　　　　4　使った　ことが　ある
| 2 |　1　だから　　　　　　　　　　　2　でも
　　　3　それから　　　　　　　　　　4　そして
| 3 |　1　使った　人に　　　　　　　　2　使った　人でも
　　　3　使いたい　人が　　　　　　　4　使いたい　人に
| 4 |　1　何でも　いいです　　　　　　2　何か　いいですか
　　　3　何が　ほしいですか　　　　　4　何も　ありません

11課　(〜も)〜し、(〜も)…　　〜たり〜たりします

1　(〜も)〜し、(〜も)…

A ①にもつも 多いし、雨も ふって いるし、タクシーで 行きましょう。
　②ねだんも ちょうど いいし、この ベッドを 買います。
　③今日は 早く 帰りたい。ちょっと 頭が いたいし……。
　🔗 (名も＋)ふつう形 ＋し、((名も＋)ふつう形 ＋し)

　👉 Là cách nói được sử dụng khi đưa ra nhiều lý do. Ngay cả khi 〜し chỉ được dùng một lần cũng mang ý nghĩa là còn có những lý do khác, như ví dụ ② ③.
　複数の理由を重ねて言うときの言い方。「〜し」が一つの場合でも、理由がほかにもあるという含みがある（②③）。

B ①この 店の パンは おいしいし、安いです。
　②母は 仕事も よく するし、しゅみも 多いです。
　③ハワイでは きれいな 海で およぎたいし、買い物も したい。
　🔗 (名も＋)ふつう形 ＋し、(＋名も)

　👉 Là cách nói khi đưa ra nhiều sự việc giống nhau.
　同じようなことをさらに重ねて言う言い方。

2　〜たり〜たりします

A ①休みの 日は プールで およいだり テニスを したり します。
　②パーティーの ために 料理を 作ったり 飲み物を 買ったり した。
　③病気が なおって、もう 何でも 食べたり 飲んだり できます。
　🔗 動た形 ＋り＋動た形 ＋りします

　👉 Miêu tả một số hành động được thực hiện mà không liên quan đến trình tự thời gian.
　時間的順序に関係なく、いくつかの行為をすることを表す。

B ①きのうは 一日中 雨が ふったり やんだり して いました。
　②そぼは たいいんした 後、ねたり 起きたり して います。
　③はなちゃん、ドアを 開けたり しめたり しないで。
　🔗 動た形 ＋り＋動た形 ＋りします

　👉 Xếp những động từ có nghĩa đối lập đi với nhau, diễn tả hai hành động được lặp đi lặp lại.
　意味が対立する動詞を並べて、二つの動きが繰り返すことを表す。

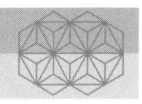

れんしゅう1 （　）の 中の 言葉を 正しい 形に して、書いて ください。

1　この アパートは ＿＿＿＿＿＿し、べんりですよ。（きれい）
2　きのうは ドライブに 行った。天気も ＿＿＿＿＿＿し、楽しかった。（いい）
3　この アルバイトは いいよ。かんたんな ＿＿＿＿＿＿し、おもしろいし……。
　　　　　　　　　　　　　　　　　　　　　　　　　　　　　　　　　（仕事）
4　ねつが 上がったり ＿＿＿＿＿＿ して います。今は 37度です。（下がる）
5　サラ「夏休みは どうだった？」
　　リサ「旅行に 行ったり アルバイトを ＿＿＿＿＿＿ して、いそがしかった。」
　　　　　　　　　　　　　　　　　　　　　　　　　　　　　　　　　（する）

れんしゅう2 いちばん いい ものを えらんで ください。

1　駅前を 人が おおぜい（　）して います。
　　a 行くし 来るし　　　b 行ったり 来たり　　　c 行ったし 来たし
2　どうして 立ったり（　）して いるんですか。
　　a 歩いたり　　　　　b すわったり　　　　　　c 食べたり
3　パーティーで ゲームを したり 歌を（　）あそびました。
　　a 歌って　　　　　　b 歌ったり　　　　　　　c 歌ったり して
4　早く 国へ（　）友だちに 会ったり 母の 料理を 食べたり したいです。
　　a 帰って　　　　　　b 帰ったり　　　　　　　c 帰るし
5　日本では 富士山に（　）京都に 行ったり したいです。
　　a のぼって　　　　　b のぼったり　　　　　　c のぼるし
6　ハイキングでは、いろいろな 花を 見たし、馬にも（　）。
　　a 乗りたかったです　b 乗れませんでした　　　c 乗りました
7　お金も（　）いそがしかったから、国へは 帰りませんでした。
　　a なかったし　　　　b なかったり　　　　　　c なかったり して
8　この なべは べんりですよ。（　）……。
　　a パンも やけたり、ご飯も 作れるし　　b パンも やけるし、ご飯も 作れるし
　　c パンも やけて、ご飯も 作れたり

12課　〜かもしれません　〜はずです　〜ようです・〜みたいです

1　〜かもしれません

① あしたは　ゆきが　ふるかも　しれませんね。
② この　ノートは　サラさんのかも　しれないよ。
③ あの　ときの　言い方は　正しくなかったかも　しれないなあ。
④ 今度の　仕事は　たいへんかも　しれないけど、がんばってね。

ふつう形（ナ形だ・名だ）＋かもしれません

☞ Miêu tả khả năng sự việc có thể xảy ra.
可能性があることを表す。

2　〜はずです

① この　犬は　2さいの　とき　うちに　来たのです。今年　12さいの　はずです。
② 食べて　みて。しんせんな　魚だから、おいしい　はずだよ。
③ あしたの　会には　山川先生も　しゅっせきする　はずです。
④ 3時の　ひこうきですから、母は　もう　ひこうきに　乗った　はずです。

ふつう形（ナ形だ-な・名だ-の）＋はずです

☞ Được sử dụng khi nói về điều tin là chắc chắn dựa trên những căn cứ chắc chắn mang tính khách quan.
客観的な根拠によって確信していることを言うときに使う。

3　〜ようです・〜みたいです

① この　肉は　少し　古いようです。へんな　においが　します。
② けん君は　本が　好きなようですね。いつも　何か　読んで　います。
③ はなちゃんは　この　おかしが　ほしいみたいだね。こちらを　見て　いるよ。
④ お母さん、げんかんに　だれか　来たみたいだよ。トントンと　音が　したよ。

ふつう形（ナ形だ-な・名だ-の）＋ようです
ふつう形（ナ形だ・名だ）＋みたいです

☞ Được sử dụng khi người nói từ những quan sát của cá nhân mình mà đưa ra những suy đoán. Trong những bối cảnh trang trọng nghiêm túc không nên sử dụng 〜みたいです.
話者の個人的な観察から推量したことを言うときに使う。「〜みたいです」は改まった場面では使わないほうがよい。

実力養成編　第1部　意味機能別の文法形式

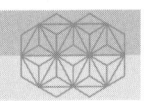

れんしゅう1 （　）の 中の 言葉を 正しい 形に して、書いて ください。

1　おなかの 中の 赤ちゃんは ＿＿＿＿＿＿かも しれないね。(男の 子)
2　サラさんは おさけは あまり ＿＿＿＿＿＿かも しれませんよ。(飲む)
3　この データは ＿＿＿＿＿＿ はずですよ。(正しい)
4　駅前の 歯医者さんは 今日 ＿＿＿＿＿＿ はずです。(休み)
5　また しっぱいした。この やり方では ＿＿＿＿＿＿ようだ。(だめ)
6　マリさんの けっこんの 話は ＿＿＿＿＿＿ようだよ。(ほんとう)
7　この ねこ、トムが とても ＿＿＿＿＿＿みたいだね。(好き)

れんしゅう2 いちばん いい ものを えらんで ください。

1　けん、ろうかを 走らないで。けがを する（　）。
　　a かも しれないよ　　b はずだよ　　　　c ようだよ
2　サラさん、どうしましたか。だいじょうぶですか。元気が ない（　）……。
　　a かも しれませんが　b はずですが　　　c ようですが
3　ちょっと 頭が いたい（　）。今日は 早く 帰ります。
　　a かも しれません　　b みたいです　　　c です
4　ああ、8月3日ですか。わたしは その 日、日本に いない（　）。
　　a かも しれません　　b ようです　　　　c みたいです
5　お姉さんの 赤ちゃんの 写真ですか。わあ、わらって いて、（　）。
　　a かわいいですね　　b かわいそうですね　c かわいいみたいですね
6　この コンサートは 5時に 終わる（　）から、その 後 食事を しよう。
　　a かも しれない　　　b はずだ　　　　　c みたい
7　サラ「ジョンさん、おそいね。もう 来ない（①　）。」
　　トム「いや、来ると 言ったから、来る（②　）。」
　①a かも しれないね　　b はずだね　　　　c はずかも しれないね
　②a だろうか　　　　　b はずだよ　　　　c ようだよ

12課　〜かもしれません　〜はずです　〜ようです・〜みたいです　59

13課 〜なさい　〜ほうがいいです　〜ないと

1 〜なさい

①子どもは　早く　ねなさい。
②しゅくだいを　出しなさい。
③つぎの　言葉を　漢字で　書きなさい。

動ます　＋なさい

Được sử dụng khi thầy giáo hoặc cha mẹ đưa ra những yêu cầu mệnh lệnh cho học sinh, con cái. Ngoài ra, mẫu này còn được sử dụng trong đề bài thi như trong ví dụ ③.
教師が学生に、親が子に指示を出すときに使う。また、試験の指示文で使う(③)。

2 〜ほうがいいです

①会場に　行く　前に　地図で　場所を　しらべたほうが　いいですね。
②寒いから、コートを　着たほうが　いいよ。
③ねつが　あるの？　じゃ、出かけないほうが　いいよ。

動た形／ない形　＋ほうがいいです

Diễn tả sự khuyến cáo. Nhiều khi được sử dụng trong trường hợp nói nếu không làm 〜 thì có thể dẫn tới kết quả không tốt. Thường được đi kèm với trợ từ cuối câu (よ、ね、v.v.).
勧告を表す。〜しなければ悪い結果になりそうなときに使われることが多い。終助詞(よ・ねなど)をつけることが多い。

3 〜ないと

①けん、ご飯の　前には　手を　あらわないと。
②あ、わすれて　いた。電話しないと。
③早く　起きて。ほら、急がないと。間に合わないよ。

動ない形　＋と

Được sử dụng khi muốn thúc giục tự bản thân mình hoặc người nghe phải thực hiện một hành động nào đó với tinh thần là nếu không làm 〜 thì tình hình sẽ trở nên xấu đi. Là cách nói mang tính khẩu ngữ.
〜をしないとよくない状況になるという気持ちで自分自身や相手に行動を促すときに使われる。口語的な言い方。

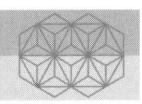

れんしゅう1 （　）の 中の 言葉を 正しい 形に して、書いて ください。
1 けん、ほんとうの ことを ＿＿＿＿＿＿なさい。（言う）
2 空が 暗いので、かさを ＿＿＿＿＿＿ほうが いいですね。（持って いく）
3 あまり たばこを ＿＿＿＿＿＿ほうが いいですよ。（すう）
4 けん、10時よ。もう ゲームを ＿＿＿＿＿＿と。（やめる）

れんしゅう2 いちばん いい ものを えらんで ください。
1 トム「サラ、しょうらいの 仕事の ことは もっと よく （　）。」
　サラ「そうだね。」
　　a 考えなさい　　b 考えたほうが いいよ　　c 考えましょうか
2 あ、山田さん、わたしも いっしょに 帰ります。ちょっと （　）。
　　a 待ちなさい　　b 待って ください　　c 待ったほうが いいです
3 あぶないよ。そんなに スピードを （　）。
　　a 出さないほうが いいよ　　　b 出したほうが よくないよ
　　c 出さなかったほうが いいよ
4 大事な やくそくだから、（　）。
　　a 忘れないと　　b おくれないと　　c 紙に 書かないと
5 けん「お父さん、けがを して いる ときは おさけを （　）。」
　父 「そうだな。」
　　a 飲みなさい　　b 飲まないほうが いいよ　　c 飲まないと
6 けん「お母さん、もう 7時だよ。」
　母 「ご飯を （　）ね。ちょっと 待って いて。」
　　a 作りなさい　　b 作らないほうが いい　　c 作らないと
7 たかし君、そんなに （　）。ぼくが 悪かったよ。ごめんね。
　　a おこって　　b おこらないで　　c おこらないと
8 【試験問題】 つぎの 問題に （　）。
　　a 答えなさい　　b 答えたほうが いい　　c 答えないと

14課　〜たら…　〜ば…・〜なら…　〜と…

1　〜たら…

①もし　水が　なかったら、わたしたちは　生きられません。
②もし　大きい　じしんが　起きたら、すぐ　つくえの　下に　入って　ください。
③あした　天気が　よかったら、どこかへ　行きませんか。

ふつう形（「-た・-なかった」だけ）　＋ら

Diễn tả việc nếu giả định một việc ~ nào đó, thì một sự việc … sẽ xảy ra. Hay đi kèm với từ もし.
〜と仮定したとき、…が成り立つことを表す。「もし」をよく一緒に使う。

2　〜ば…・〜なら…

①バスに　乗れば、駅まで　10分です。
②じしょを　使わなければ、この　本は　読めません。
③もし　暑ければ、クーラーを　つけましょうか。
④子どもの　名前は、男の子なら　「こうた」、女の子なら　「みちる」が　いいです。
　→「〜ば・〜ならの形」　20ページ

Diễn tả việc khi đưa ra một điều kiện ~ nào đó, thì một sự việc … sẽ xảy ra. Trường hợp ~ là động từ miêu tả hành động thì những câu thể hiện ý muốn, ý định của người nói hay những câu mang ý kêu gọi, thúc giục đối phương hành động sẽ không được dùng ở phần …. Có khi đi kèm với từ もし.
〜という条件のときに…が成り立つことを表す。〜が動きを表す動詞のとき、…には話者の意向を表す文や相手への働きかけの文は来ない。「もし」を一緒に使うことがある。

3　〜と…

①お金を　入れて　ボタンを　おすと、きっぷが　出ます。
②ねむいと、頭が　働きません。
③Mサイズだと、小さいです。Lサイズを　ください。
④あの　かどを　左に　まがると、駅が　見えます。

ふつう形（「-た・-なかった」は使わない）　＋と

Diễn tả khi làm việc ~ thì chắc chắn việc … sẽ xảy ra. Những câu thể hiện ý muốn, ý định của người nói hay những câu mang ý kêu gọi, thúc giục đối phương hành động sẽ không được dùng ở phần ….
〜のとき、必ず…になることを表す。…には話者の意向を表す文や相手への働きかけの文は来ない。

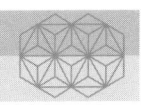

れんしゅう1 （　）の 中の 言葉を 正しい 形に して、書いて ください。

1　おさけを ＿＿＿＿＿＿＿ら、運転しないで ください。（飲む）
2　今日 ぜんぶ 仕事が ＿＿＿＿＿＿＿ら、あしたも つづきを します。（終わる）
3　家が ＿＿＿＿＿＿＿ば、そうじが たいへんです。（広い）
4　めがねを ①＿＿＿＿＿＿＿ば、新聞が 読めますが、②＿＿＿＿＿＿＿ば、ぜんぜん 読めません。（かける）
5　天気が ＿＿＿＿＿＿＿ば、ここから 富士山が 見えます。（いい）
6　日曜日の ＿＿＿＿＿＿＿なら、時間が あります。（午後）
7　この どうぐが ＿＿＿＿＿＿＿と、べんりです。（ある）
8　休み時間が ＿＿＿＿＿＿＿と、ゆっくり 休めません。（短い）

れんしゅう2 いちばん いい ものを えらんで ください。

1　いい アイディアが （　）、教えて ください。
　　a あると　　　　　　b あったら　　　　　　c あって
2　トム 「すみません、ゆうびんきょくは どこですか。」
　　女の 人「ここを まっすぐ （　）、右に まがると、あります。」
　　a 行くと　　　　　　b 行って　　　　　　c 行く とき
3　この こうえんは、春に なると、（　）。
　　a さくらが きれいです　　b さくらを 見ましょう　　c さくらが 見たいです
4　説明を よく 読めば、すぐ （　）。
　　a 答えて ください　　b 答えますよ　　c 答えが わかりますよ
5　勉強を がんばれば、（　）。
　　a いい てんが とれます　　b 後で あそびます　　c 大学に 入りたいです
6　まんがを （　）、この ペンを 使います。
　　a かいたら　　　　　　b かくと　　　　　　c かく とき

14課　～たら…　～ば…・～なら…　～と…

15課 ～たら…　～なら…

1 ～たら…

① 3時に なったら、休みましょう。
② この 学校を そつぎょうしたら、何を しますか。
③ おゆが わいたら、火を 止めて ください。

動 た形 ＋ら

> Diễn tả việc sau khi việc ~ được thực hiện thì việc … tiến hành. Phần ~ sẽ không phải là những giả định, mà là những việc đã được định sẵn sẽ được thực hiện từ bây giờ trở đi.
> ～が実現した後…をすることを表す。～は仮定ではなく、これから実現することがあらかじめわかっていること。

2 ～なら…

① サラ「ケーキが おいしい 店を 知りませんか。」
　山田「ケーキなら、駅前の セボンが おいしいですよ。」
② トム「春休みに 京都に 行きたいです。」
　先生「京都に 行くなら、ガイドブックを 貸しましょうか。」
③【テレビが ついて いるが、子どもは 見て いない】
　母「見て いないなら、テレビは もう 消すよ。」

ふつう形（ナ形 だ・名 だ）＋なら

> Là cách nói được sử dụng khi người nói tiếp nhận thông tin ~ sau đó đưa ra những phán đoán, ý kiến của bản thân hoặc ý kêu gọi, thúc giục đối phương hành động. Phần ~ chính là những chủ đề được nêu ra trong phần nói chuyện hoặc là những chủ đề có được từ việc quan sát tình hình của người khác.
> ～という情報を受けて、話者の判断・意志・相手への働きかけを言う言い方。～は他の人の話や様子から取り上げた話題。

れんしゅう1 （　）の 中の 言葉を 正しい 形に して、書いて ください。

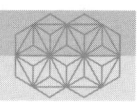

1 作文を さいごまで ＿＿＿＿＿ら、見せて ください。（書く）
2 うちへ ＿＿＿＿＿ら、少し 休みます。（帰る）
3 朝 ＿＿＿＿＿ら、まず 水を コップ 一ぱい 飲みます。（起きる）
4 夫「新しい テレビ、買おうか。」
　妻「テレビを ＿＿＿＿＿なら、大きいのが ほしいな。」（買う）
5 サラ「ピザの 作り方を 知って いる？」
　トム「ピザの ＿＿＿＿＿なら、この 本に 書いて あるよ。」（作り方）
6 サラ「あしたは アルバイトが 休みなんだ。」
　トム「＿＿＿＿＿なら、どこかへ あそびに 行こうか。」（休み）
7 トム「うーん、ちょっと 頭が……。」
　山田「頭が ＿＿＿＿＿なら、今日は 早く ねたほうが いいよ。」（いたい）
8 トム「この 映画は 見ましたよ。」
　先生「＿＿＿＿＿なら、ストーリーを 知って いるでしょう？」（見る）

れんしゅう2 いちばん いい ものを えらんで ください。

1 この 本、おもしろいよ。読んだら、（　　）。
　a 貸したよ　　　b 貸してね　　　c 貸そうか
2 ケーキを 作るんですか。作ったら、（　　）。
　a 手伝いましょうか　　　b たまごと さとうが ひつようですね
　c わたしにも くださいね
3 先生「サラさんを 見なかった？」
　ジョー「（　　）、さっき となりの へやに いましたよ。」
　a サラさんなら　　b サラさんを 見たなら　　c サラさんを 見なかったなら
4 サラ「トム、あしたの パーティーに 行く？トムが（　　）、わたしも 行く。」
　a 行くなら　　　b 行ったら　　　c 行ったなら
5 先生「試験が（　　）、夏休みですから、それまで がんばって ください。」
　a 終わるなら　　b 終わったら　　c 終わったなら

まとめ問題（1課〜15課）

もんだい1 （　）に 何を 入れますか。1・2・3・4から いちばん いい ものを 一つ えらんで ください。

1 その 魚は （　） かも しれませんよ。ちょっと 悪く なって いるようですから。
　1 食べても いい　　　　2 食べないほうが いい
　3 食べなければ ならない　4 食べた ことが ない

2 今日は 仕事が 多くて （　）、もう ねよう。
　1 つかれて　2 つかれたし　3 つかれたら　4 つかれたり

3 母「この まんが、もう すてるよ。」
　子「あ、（　）。ぼく、まだ 読むから。」
　1 すてて　2 すてると　3 すてないで　4 すてないと

4 A「京都駅は つぎだよ。」
　B「京都に （　）、すぐ 食事を しようね。」
　1 着いたから　2 着いたし　3 着いたなら　4 着いたら

5 あ、だめですよ。プールに 入る ときは、イヤリングを （　）。
　1 とらないと　2 とらなくて　3 とらなくても　4 とらないので

6 サラ「自転車を 買いたいんだけど、いい 店を 知らない？」
　トム「あ、自転車が ほしい （　）、ぼくのを あげる。」
　1 まま　2 から　3 と　4 なら

もんだい2 ★に 入る ものは どれですか。1・2・3・4から いちばん いい ものを 一つ えらんで ください。

1 A「ぼくは 毎日 ビールを 3本 飲んで、ご飯を 3ばい 食べるんだよ。」
　B「え、そんなに ＿＿ ＿＿ ★ ＿＿ したほうが いいよ。」
　1 少し 運動　2 たくさん
　3 しないで　4 飲んだり 食べたり

2 店長は ＿＿ ＿＿ ★ ＿＿ ぼくたちも 早く 帰ろう。
　1 仕事が　2 もう 帰った
　3 終わったら　4 ようだから

66　実力養成編　第1部　意味機能別の文法形式

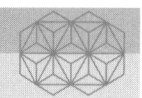

3 A「ジョンさんは 今日 来ませんでしたね。」
　B「ええ、けっこんしきに 出る ために ＿＿ ＿＿ ★ ＿＿ です。」
　1 国へ 帰った　　　　　　　2 日本に いない
　3 はず　　　　　　　　　　4 から

もんだい3 [1] から [4] に 何を 入れますか。文章の 意味を 考えて 1・2・3・4から いちばん いい ものを 一つ えらんで ください。

サラさんへ
　今日、サラさんは 来られなかったけれど、みんなで 来月の 旅行の そうだんを しました。きまった ことを [1]。
1．朝、6時40分に 学校の 前に 集まります。バスは 7時に 出発します。出発が [2]、道が こむから、かならず 6時40分までに 来て ください。
2．朝、急に 体の ぐあいが 悪く なったら、すぐ 学校に 電話を して ください。
3．レストランで 昼ご飯を 食べます。ですから、おべんとうは 持って [3]。
4．山の 上は 風も [4]、雨も ふるかも しれません。かさと あたたかい 上着が ひつようです。
　　　　　　　　　　　　　　　　　　　　　　　　　　　　　リサ

[1] 1 書きます　　　　　　　　2 書きそうです
　　3 書きませんか　　　　　　4 書きなさい
[2] 1 おくれて　　　　　　　　2 おくれると
　　3 おくれないと　　　　　　4 おくれないで
[3] 1 いかないかも しれません　2 いかなければ なりません
　　3 いかない はずです　　　　4 いかなくても いいです
[4] 1 強いし　　2 強いので　　3 強いと　　4 強かったら

16課　〜ても…　〜のに…

1　〜ても…

①こうはい「あした　ゆきが　ふったら、れんしゅうは　休みですか。」
　せんぱい「いや、ゆきが　ふっても、休みじゃないよ。」
②もし　暑くても、仕事には　スーツを　着て　いきます。
③この　料理は　かんたんです。はじめて　作る　人でも　できます。
④説明が　むずかしくて、何回　読んでも、意味が　わかりません。
⑤山田「ケーキが　好きなんでしょう？　これ、ぜんぶ　どうぞ。」
　トム「え、いくら　好きでも、こんなに　たくさんは　食べませんよ。」

動て形・イ形い-くて・ナ形な-で・名で　＋も

動ない・イ形い-く・ナ形な-で・名で　＋なくても

Diễn tả những việc ~ tưởng như là đương nhiên nhưng trên thực tế lại không xảy ra. Phần ~ có thể là sự việc mang tính giả định như ví dụ ①②; cũng có thể là sự việc thực tế như ví dụ ④⑤. Mẫu câu này có khi đi kèm với những từ như もし、どんなに、いくら hoặc từ nghi vấn như ví dụ ②④⑤.

〜の場合当然だと考えられることが、成り立たないことを表す。〜は仮定のこと（①②）でも事実（④⑤）でもよい。「もし・どんなに・いくら」や疑問詞を一緒に使うことがある（②④⑤）。

2　〜のに…

①きのう　しゅくだいを　やったのに、持って　きませんでした。
②雨が　ふって　いないのに、あの　人は　かさを　さして　います。
③この　かばんは　まだ　新しいのに、もう　こわれました。
④はなちゃんは　まだ　3さいなのに、漢字が　わかる。
⑤はな「お兄ちゃん、雨が　ふって　いるよ。」
　けん「ほんとう？　あーあ、今日は　運動会なのに。」

ふつう形（ナ形だ-な・名だ-な）　＋のに

Diễn tả những việc ~ tưởng như là đương nhiên nhưng trên thực tế lại không xảy ra. Mẫu câu này thường được dùng để truyền tải tâm trạng bất ngờ, tiếc nuối, bất mãn hoặc lời kêu ca của người nói. Thông thường, những câu thể hiện ý muốn, ý định của người nói, ý kêu gọi, thúc giục đối phương hành động sẽ không được dùng ở phần …. Cũng có thể đặt mẫu này ở cuối câu như ví dụ ⑤.

〜という事実から当然考えられることが成り立たないことを表す。話者の意外な気持ち、残念な気持ち、不満、非難などを伝えるときに使う。…にはふつう話者の意向、相手への働きかけを表す文は来ない。⑤のように文末にも使われる。

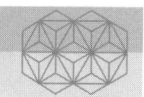

れんしゅう1 （　）の 中の 言葉を 正しい 形に して、書いて ください。
1　お金が ＿＿＿＿＿＿も、しあわせです。（ない）
2　山田さんは、いくら おさけを ＿＿＿＿＿＿も、顔が 赤く なりません。（飲む）
3　この 店は どんなに ＿＿＿＿＿＿も 同じ ねだんです。（食べる）
4　森の 中は ＿＿＿＿＿＿も 暗いです。（昼）
5　テストで 正しい 答えを ＿＿＿＿＿＿のに、てんを もらえなかった。（書く）
6　わたしは 魚が ＿＿＿＿＿＿のに、母は 魚料理を あまり 作らない。（好き）
7　きのうは 天気が とても ＿＿＿＿＿＿のに、今日は 大雨だ。（いい）
8　お兄ちゃんは ＿＿＿＿＿＿のに、学校へ 行かないの？（大学生）

れんしゅう2　aか bか いい ほうを えらんで ください。
1　会社の 人「この 仕事は はじめて する 人には むずかしいですよ。」
　　サラ　　「どんなに （a むずかしかったら　b むずかしくても）、がんばります。」
2　毎日 その 店の 前を （a 通るのに　b 通るので)、店の 名前が わからない。
3　ほしい 物が あっても、すぐに （a 買います　b 買いません）。
4　あまり 勉強しなかったのに、テストは （a 悪い てんでした　b いい てんでした）。
5　ひつような 本は （a 高くても　b 高いのに）、買って ください。
6　まだ 仕事が （a のこって いますが　b のこって いるのに)、少し 休みませんか。
7　え、また けがを したの？ わたしが あんなに （a 注意したが　b 注意したのに）。
8　（a いつも　b いつ） 来ても、この 店は こんで います。
9　もし 彼女が （a 来ても　b 来たのに）、今は 会いたくない。

17課　〜と…　　〜か…・〜かどうか…

1　〜と…

① はじめて　会った　人には　「はじめまして」と　言います。
② サラ「この　花は　日本語で　何と　言いますか。」
　　山田「すいせんと　言います。」
③ わたしは　「手伝いましょうか」と　聞きました。
④ 先生「ジョーさんの　はっぴょうを　どう　思いますか。」
　　トム「とても　よかったと　思います。」
⑤ 両親は　わたしが　国へ　帰らないと　思って　います。
⑥ じこしょうかいの　作文に　わたしは　歌が　とくいだと　書きました。
⑦ 日本人の　40％が、好きな　きせつは　春だと　答えました。

🔗 名前／ふつう形／「言うこと・言ったこと」　＋と

> 👉 Diễn tả tên gọi, nội dung như một lời nói, suy nghĩ. Khi ngôi thứ ba là chủ ngữ thì không dùng 〜とおもいます mà là 〜とおもっています.
> 名前や発話・考えなどの内容を表す。三人称が主語のときは「〜と思います」ではなく、「〜と思っています」を使う。
> →第2部2課2

2　〜か…・〜かどうか…

① パーティーに　だれが　来るか　教えて　ください。
② きのう　どうやって　帰ったか　おぼえて　いません。
③ サラさんの　誕生日は　いつか　知って　いますか。
④ 旅行に　行けるか　どうか　まだ　わかりません。
⑤ ぶんぽうが　正しいか　どうか　チェックして　ください。
⑥ その　国に　行く　とき　ビザが　ひつようか　どうか　しらべます。

🔗 疑問詞（何・いつ・だれ・どこ…）　＋か
　　疑問詞（何・いつ・だれ・どこ…）　＋ふつう形（ナ形だ・名だ）　＋か
　　ふつう形（ナ形だ・名だ）　＋かどうか

> 👉 Được sử dụng để chèn câu hỏi vào giữa câu khác. Nếu câu hỏi là dạng câu có từ để hỏi thì dùng か, còn nếu không có từ để hỏi thì dùng かどうか.
> 質問の文を他の文中に埋め込むのに使う。質問の文に疑問詞を含むときは「か」、含まないときは「かどうか」を使う。

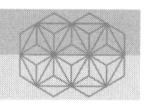

れんしゅう1 （　）の 中の 言葉を 正しい 形に して、書いて ください。

1　山田さんは 今 うちに ＿＿＿＿＿と 思います。（いる）
2　今日より きのうの ほうが ＿＿＿＿＿と 思います。（寒い）
3　東京は こうつうが ＿＿＿＿＿と 思います。（べんり）
4　トムさんは とても 頭が ＿＿＿＿＿と 思います。（いい）
5　ばんご飯に 何を ＿＿＿＿＿か きめましょう。（食べる）
6　あれ、ねこが いない。どこに ＿＿＿＿＿か 知りませんか。（行く）
7　サラさんは 友だちが ＿＿＿＿＿か どうか しんぱいして います。（元気）

れんしゅう2 いちばん いい ものを えらんで ください。

1　○は 日本語で （　） 言います。
　　a まるを　　　　　b まると　　　　　c まるだと
2　（　） すしは ほんとうに おいしいと 思う。
　　a ぼくは　　　　　b トムは　　　　　c 日本人は
3　かぎを いつ （　） ぜんぜん わかりません。
　　a なくしたと　　　b なくしたか　　　c なくして
4　どうして ここが （　） 説明して ください。
　　a まちがって いるの　b まちがって いるか　c まちがって いると
5　さがして いる 本が 図書館に （　） かんたんに しらべられます。
　　a あるか どうか　　b あるか どうかと　　c あるかと
6　この はこに 何が （　） わかりますか。
　　a 入って いるか どうか　b 入って いるか　c 入って いるのを
7　サラさんから ジョーさんが （　） 聞きましたが、ほんとうですか。
　　a 入院したと　　　b 入院したか　　　c 入院したか どうか

18課　～(よ)うと思います　～つもりです

1　～(よ)うと思います

① いい 天気だから、出かけようと 思います。
② 旅行に 行くので、かばんを 買おうと 思って います。
③ 今日は 帰る とき、図書館に よろうと 思って います。
④ 来年 ヨーロッパを 旅行しようと 思って いる。
⑤ わたしは 一人で カラオケに 行こうとは 思いません。

動 う・よう形　＋と思います　→「う・よう形」22ページ

Diễn tả ý chí của người nói. Chủ ngữ của câu là ngôi thứ nhất. Mẫu おもっています được sử dụng khi diễn tả sự liên tục trong ý chí của người nói như trong ví dụ ②③④. Mẫu ～とはおもいません diễn tả ý phủ định mạnh mẽ như trong ví dụ ⑤.
意志を表す。主語は一人称。「思っています」は以前から意志が続いているときに使う(②③④)。「～とは思いません」は強い否定の意志を表す(⑤)。

2　～つもりです

① 先生「夏休みに 何を しますか。」
　トム「国へ 帰る つもりです。」
② 日曜日は 大そうじを する つもりだ。
③ 妹は けっこんしきに この 服を 着て いく つもりらしいです。
④ 今日は 品物を 見る だけで、何も 買わない つもりです。
⑤ つぎの 日本語能力試験は うけない つもりです。
⑥ わたしは 自分の 意見を かえる つもりは ありません。

動 辞書形／ない形　＋つもりです
動 辞書形　＋つもりはありません

Diễn tả ý chí của người nói mạnh hơn so với mẫu ～ようとおもっています. Dùng trong trường hợp nêu những sự việc đã được quyết định chắc chắn từ trước chứ không phải tại thời điểm nói. Chủ ngữ là ngôi thứ nhất. Trong trường hợp chủ ngữ là ngôi thứ ba thì sẽ thêm những mẫu như ～そうです／～らしいです／～といっていました/v.v. như trong ví dụ ③. Mẫu ～つもりはありません trong ví dụ ⑥ là cách nói phủ định mạnh hơn so với mẫu ～ないつもりです.
「～ようと思っています」よりもやや強い意志を表す。発話時点に決めたことではなく、以前から意志が固まっているときに使う。主語は一人称。三人称のときは「～そうです・～らしいです・～と言っていました」などをつける(③)。⑥の「～つもりはありません」は「～ないつもりです」よりも強い否定。

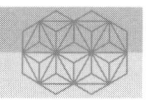

れんしゅう1 （　）の 中の 言葉を 正しい 形に して、書いて ください。

1 【レストランで】
　山田「何を 食べましょうか。」
　トム「ええと、ぼくは Aランチに ＿＿＿＿＿＿ と 思います。」(する)
2 あしたは この 映画を ＿＿＿＿＿＿ と 思って います。(見る)
3 電気店へ 行って、いい カメラを ＿＿＿＿＿＿ と 思って います。(さがす)
4 日本で たくさん 写真を ＿＿＿＿＿＿ と 思って います。(とる)
5 今週は つかれたので、日曜日は ゆっくり ＿＿＿＿＿＿ つもりです。(休む)
6 これからも すいえいを ＿＿＿＿＿＿ つもりです。(つづける)
7 お金が ないので、今週は もう おさけを 飲みに ＿＿＿＿＿＿ つもりです。(行く)

れんしゅう2 aか bか いい ほうを えらんで ください。

1 トム「あしたの 試合に たかし君も 出る?」
　けん「たかし? (a 出る　b 出よう)と 思うよ。」
2 ああ、おいしかった。この レストランには また 来ようと (a 思います　b 思って います)。
3 たばこを やめようと ずっと (a 思います　b 思って います)が、なかなか やめられません。
4 わたしは 夜 おそい アルバイトを (a しようとは 思いません　b しないようと 思って います)。
5 ピアノの 先生に (a なろう　b なるよう)と 思って、ピアノを れんしゅうして います。
6 早く 元気に なって、(a たいいんできる つもりです　b たいいんしたいです)。
7 あ、新しい 店が できましたね。わたしは ちょっと この 店を (a 見ようと 思います　b 見る つもりです)。どうぞ お先に。
8 今日は わたしが ご飯を (a 作ろうと 思って います　b 作る つもりだと 思います)。
9 わたしは あなたとは (a けっこんしない つもりが あります　b けっこんする つもりは ありません)。

18課　〜(よ)うと思います　〜つもりです

19課　〜と言っていました　〜そうです　〜らしいです

1　〜と言っていました

① トムさんは　今日　休むと　言って　いました。
② サラさんは　さいきん　いそがしいと　言って　いましたよ。
③ 山田「お父さんから　電話？　何と　言って　いた？」
　　トム「今日は　ばんご飯は　いらないと　言って　いましたよ。」

✂ ふつう形　＋と言っていました

☞ Là cách nói dùng khi truyền đạt lại những điều người khác nói từ trước. Câu hỏi của mẫu này sẽ có dạng なんと như trong ví dụ ③.
以前に他の人が話したことを伝えるときの言い方。質問の文では「何と」という形になる（③）。

2　〜そうです

① 天気よほうに　よると、あしたは　寒いそうです。
② せんぱいの　話では、この　試験は　あまり　むずかしくないそうだよ。
③ 新聞で　読みましたが、駅前で　火事が　あったそうですね。

✂ ふつう形　＋そうです

☞ Là cách nói khi truyền lại những thông tin mà người nói nghe được hoặc đọc được. Nhiều khi đi kèm với những cụm từ chỉ nguồn gốc của thông tin như 〜によると／〜では／〜でよみましたが／v.v..
聞いたり読んだりした情報を伝えるときの言い方。情報源を示す「〜によると・〜では・〜で読みましたが」などを一緒に使うことが多い。

3　〜らしいです

① 聞いた　話では、あの　山には　さるが　いるらしいです。
② うわさに　よると、あの　ホテルは　あまり　よくないらしいよ。
③ じこが　あったらしいですよ。けいさつの　車が　止まって　いました。
④ この　店は　有名らしいね。よく　名前を　聞くよ。

✂ ふつう形（ナ形だ・名だ）　＋らしいです

☞ Là cách nói khi truyền đạt cho người khác những thông tin mà người nói có được từ đâu đó như ví dụ ①② hoặc những điều phán đoán có được từ tình hình sự việc như ví dụ ③④. Khi nguồn thông tin hay nội dung thông tin không rõ ràng, người ta sử dụng mẫu câu này hơn là mẫu câu "〜そうです".
他から得た情報を伝えるとき（①②）や、状況から判断したことを他の人に伝えるとき（③④）の言い方。「〜そうです」よりも情報源や情報の内容がはっきりしないときに使う。

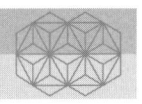

れんしゅう1 （　）の　中の　言葉を　正しい　形に　して、書いて　ください。

1　サラさんは　今日は　やくそくが　_____と　言って　いました。（ある）
2　林さんは　お父さんが　病気で　_____と　言って　いました。（たいへん）
3　天気は　これから　だんだん　よく　_____そうです。（なる）
4　試験は　1課から　_____そうです。（10課まで）
5　この　お茶は　体に　_____らしいです。（いい）
6　リナさんは　歌が　とても　_____らしいです。（上手）

れんしゅう2　いちばん　いい　ものを　えらんで　ください。

1　ニュースに　よると、さいきん　円が　高く　なって　いる（　　）。
　　a　と　言って　いました　　b　そうです　　　　　　c　と　言いました
2　この　おてらは　300年前に　（　　）。
　　a　建てられたそうです　　b　建てられるそうでした　c　建てられたそうでした
3　先生の　話では、来週の　月曜日は　学校が　（　　）そうです。
　　a　休み　　　　　　　　b　休みだ　　　　　　　　c　休む
4　トム「めずらしい　くだものですね。」
　　山田「ええ、あけび（　　）。」
　　a　と　言います　　　　b　と　言って　いました　　c　そうです
5　山田「あれ？　はなは　ケーキ、食べないの？」
　　けん「うん、はなは　（　　）。」
　　a　食べたくないらしい　b　食べたいらしくない　　　c　食べたいそうでは　ない
6　田中さんは　さっき　電話で　少し　おくれる（　　）。
　　a　そうです　　　　　　b　と　言って　いました　　c　らしいです
7　トム「母から　メールが　来ました。わたしの　日本の　生活を　見に、来月　（　　）
　　　　そうです。」
　　先生「いいですね。ひさしぶりに　お母さんに　会えますね。」
　　a　母も　日本に　来る　b　母も　日本に　行く　　　c　わたしも　日本に　行く

20課 ～くします・～にします　～くなります・～になります・～ようになります

1 ～くします・～にします

①テレビの 音を 大きく しました。
②この ズボンを 少し 短く して ください。
③つくえの 上を きれいに しましょう。
④ご飯の りょうを 半分に して ください。
⑤かみの けの 色を 茶色に したいです。

イ形 い-く・ナ形 な-に・名 に ＋します　　例外：いい→よく (Ngoại lệ)

> Diễn đạt việc con người làm biến đổi một trạng thái nào đó một cách có chủ ý.
> 人が意志的に状態を変えることを表す。

2 ～くなります・～になります・～ようになります

①子犬は すぐ 大きく なります。
②ていねいに そうじすれば、へやが もっと きれいに なります。
③さいきん、この 店では おきゃくさんの かずが 半分に なりました。
④日本語が 上手に 話せるように なりたいです。
⑤うちの にわに 鳥が 来るように なりました。
⑥このごろ、前ほど 本を 読まなく なった。

イ形 い-く・ナ形 な-に・名 に ＋なります　　例外：いい→よく (Ngoại lệ)
動 辞書形＋ように ＋なります
動 ない-なく ＋なります

> Miêu tả sự biến đổi. Thường không đi kèm với những động từ thể hiện sự biến đổi (かわる, ふとる, ふえる, v.v.).
> 変化を表す。もともと変化を表す動詞(変わる・太る・増えるなど)には使わない。

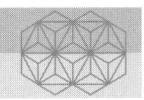

れんしゅう1 （　）の 中の 言葉を 正しい 形に して、書いて ください。

1　漢字の まちがいを もっと ＿＿＿＿＿＿ したいです。（少ない）
2　カーテンを もう 少し 明るい ＿＿＿＿＿＿ します。（色）
3　さとうを 入れて、コーヒーを ＿＿＿＿＿＿ しましょう。（あまい）
4　さいきん、ちょっと ＿＿＿＿＿＿ なりました。（いそがしい）
5　あの 店は サービスが ＿＿＿＿＿＿ なりました。（いい）
6　もう 少し れんしゅうすれば、＿＿＿＿＿＿ なりますよ。（上手）
7　日本語の 新聞が ＿＿＿＿＿＿ なりたいです。（読める）
8　メモを なくして、やくそくの 時間が ＿＿＿＿＿＿ なりました。（わからない）

れんしゅう2　aか bか いい ほうを えらんで ください。

1　雨が やんで、いい 天気に （a なりました　b しました）。
2　はなちゃんは 1さいの ときに、歩けるように （a なりました　b しました）。
3　寒いですね。エアコンを 強く （a なりましょう　b しましょう）。
4　おじいちゃん、早く 元気に （a なってね　b してね）。
5　おふろは あまり あつく （a ならない　b しない）ほうが いいですよ。
6　大人に （①a なったら　b したら）、何に （②a なりたいの　b したいの）？
7　売れないので、ねだんを 安く （a なりましょう　b しましょう）。
8　れんしゅうして、もっと はやく （a およぐ　b およげる）ように なりたい。
9　日本では 子どもが （a 少なく なるように なりました　b 少なく なりました）。
10　去年より 3キロ （a 太りました　b 太るように なりました）。
11　この おもちゃ、動かなく （a なったよ　b したよ）。こわれたかな？
12　この へや、暗いですね。もっと 明るく （a しましょう　b なりましょう）。
13　ショッピングセンターが できて、とても べんりに （a なりました　b しました）。
14　へんですね。テレビの 音が 小さく （a しません　b なりません）。
15　このごろ、あまり ゲームを （a しなく なった　b するように ならなかった）。

まとめ問題（1課～20課）

もんだい1 （　）に 何を 入れますか。1・2・3・4から いちばん いい ものを 一つ えらんで ください。

1 A「ざっしを 買ったんですか。」
　 B「ええ、電車の 中で 読む（　）買いました。」
　 1　つもりで　　2　はずで　　3　ところで　　4　ためで

2 A「うーん。スケートは むずかしいね。うまく できない。」
　 B「だいじょうぶ。れんしゅうすれば、すぐに（　）なるよ。」
　 1　すべるように　　　　　　2　すべれるように
　 3　すべりそうに　　　　　　4　すべるのに

3 A「あ、ここは ボールペンで 書くんですか。」
　 B「ボールペンが（　）、えんぴつで 書いても いいですよ。」
　 1　ないのに　　2　なくて　　3　なかったら　　4　なくては

4 つぎの 電車が 何時に（　）知って いますか。
　 1　来たら　　2　来ると　　3　来るのは　　4　来るか

5 もっと 早く うちを（　）と 思って いたけど、おそく なりました。
　 1　出る　　2　出よう　　3　出そう　　4　出るそう

6 この 説明は よく わかりません。もっと（　）ほうが いいと 思います。
　 1　くわしく なった　　　　2　くわしく した
　 3　くわしかった　　　　　　4　くわしいの

もんだい2 ＿＿★＿＿に 入る ものは どれですか。1・2・3・4から いちばん いい ものを 一つ えらんで ください。

1 この 近くに ＿＿＿＿ ＿＿＿＿ ＿★＿ ＿＿＿＿ 妹が 言って いました。
　 1　と　　　　　　　　　　　2　スペイン料理の
　 3　らしい　　　　　　　　　4　レストランが ある

2 買い物を する ときは、ほんとうに ＿＿＿＿ ＿＿＿＿ ＿★＿ ＿＿＿＿ 買いなさい。
　 1　考えて　　2　いる　　3　から　　4　か どうか

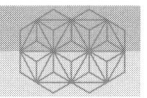

3 A「少し やせましたか。どうしたんですか。」
B「そうですねえ。さいきん、前 ＿＿ ＿＿ ★ ＿＿ でしょう。」
1 食べなく　　2 から　　3 ほど　　4 なった

もんだい3 １ から ４ に 何を 入れますか。文章の 意味を 考えて 1・2・3・4から いちばん いい ものを 一つ えらんで ください。

バーゲンセール

サラ・スミス

日本では すてきな 物を たくさん 売って いますが、 １ 高くて なかなか 買えません。しかし、安く 買う ための チャンスが あります。バーゲンセールです。わたしも 新しい くつが ２ 、今週末、友だちと いっしょに デパートの バーゲンに 行きます。わたしが ほしかった くつは、バーゲンの 前まで 1万円でした。まだ ３ わかりませんが、安く なって いたら 買おうと 思って います。

バーゲンセールは 1月と 7月に ある ことが 多いですが、さいきんは 前より 少し 早く 始まるそうです。バーゲンの 日には 人が おおぜい デパートへ 行くので、デパートは とても こみます。高い 物を 買いたくない 人が ４ 。

１　1 ほしそうでも　　　　2 ほしそうだと
　　3 ほしくても　　　　　4 ほしければ
２　1 買いたいのに　　　　2 買いたいので
　　3 買いたいのは　　　　4 買いたいのが
３　1 あるか どうか　　　2 あったか どうか
　　3 何が あるか　　　　4 何が あったか
４　1 多く なったようです　2 多く したようです
　　3 多かったそうです　　4 多かったようです

21課　～にします・～ことにします
　　　　～になります・～ことになります

1　～にします・～ことにします

①ばんご飯は　カレーに　します。
②つぎの　れんしゅうの　日は　金曜日に　しませんか。
③この　ケーキ、おいしそうですね。これに　します。
④今日から　たばこを　やめる　ことに　します。
⑤夏休みは　国へは　帰らない　ことに　しました。

　名　＋にします
　動　辞書形／ない形　＋ことにします

> Diễn tả việc người nói tự quyết định bằng chính ý chí của mình về một việc nào đó. Diễn tả thái độ tích cực.
> 話者の個人的な意志で、あることを決めることを表す。積極的な態度を表す。

2　～になります・～ことになります

①さよならパーティーは　3月15日に　なりました。
②チームの　名前は　「さむらい」に　なりました。
③駅前に　高い　ビルが　建つ　ことに　なりました。
④社長は　来月、アメリカに　行く　ことに　なるだろう。
⑤来年、けっこんする　ことに　なりました。
⑥雨で　試合は　しない　ことに　なりました。

　名　＋になります
　動　辞書形／ない形　＋ことになります

> Diễn tả một sự việc nào đó được quyết định mà không hề liên quan tới ý chí của cá nhân người nói. Cũng có khi mẫu này được sử dụng trong trường hợp người nói không muốn nói trực diện, kể cả những việc mà tự bản thân người nói đã quyết định như ví dụ ⑤.
> 話者の個人的な意志に関係なく、あることが決まることを表す。自分の意志で決めたことでも、それを前面に出さずに言うときにも使う(⑤)。

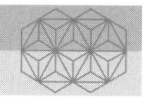

れんしゅう1 （　）の 中の 言葉を 正しい 形に して、書いて ください。

1　飲み物は ＿＿＿＿＿＿＿ します。（紅茶）
2　ねだんが 安いので、これを ＿＿＿＿＿＿＿ します。（買う）
3　雨なので、どこへも ＿＿＿＿＿＿＿ しました。（出かける）
4　体の ために、おさけは あまり ＿＿＿＿＿＿＿ しました。（飲む）
5　パーティーの 会場は ＿＿＿＿＿＿＿ なりました。（ABC会館）
6　つぎの 会議は ＿＿＿＿＿＿＿ なりました。（来週の 火曜日）
7　4月から この 会社で ＿＿＿＿＿＿＿ なりました。（働く）

れんしゅう2　aか bか いい ほうを えらんで ください。

1　【レストランで】
　店員「肉と魚、どちらに （①a なりますか　b しますか）。」
　きゃく「じゃ、わたしは 魚に （②a なります　b します）。」
2　今日 会議が あった。今度の 会長は 田中さんに （a なった　b した）。
3　ねつが あるので、今日は 仕事を 休む ことに （a なりました　b しました）。
4　林さんが わたしを 家に しょうたいして くれる ことに （a なりました　b しました）。
5　あしたから ダイエットを する ことに （a なります　b します）。
6　こうえんの 中に サッカー場が できる ことに （a なりました　b しました）。
7　けん「お父さん、あしたは ぼくの 誕生日だよ。」
　父　「わかった。あしたは 早く 帰って くる ことに （a なるよ　b するよ）。」
8　A「4月から さくら町へ 行く バスは なくなる ことに （①a なりました　b しました）。」
　B「じゃ、これからは 毎日 歩く ことに （②a なろう　b しよう）。」
9　父　「おもちゃが いろいろ あるね。どれが いい？」
　はな「わたし、これに （a なる　b する）」。
10　先生「トムさんは、今日は 来て いませんね。」
　サラ「国から お母さんが 来る ことに （a なって　b して）、空港に 行きました。」

21課　〜にします・〜ことにします　〜になります・〜ことになります

22課　〜てみます　〜ておきます　〜てしまいます

1　〜てみます

① くつを 買う 前に、はいて みます。
② 一度 京都へ 行って みたい。
③ この 料理を 食べて みて ください。
④ この ゲームは おもしろいよ。トムも やって みない？

動て形 ＋みます

> Mẫu câu này được sử dụng khi muốn truyền tải suy nghĩ là muốn thử nghiệm xem liệu có tốt hay không hoặc muốn biết nó như thế nào. Cũng có khi được sử dụng trong những lời gợi ý nhẹ nhàng đối với người nghe như ví dụ ③④. Thường đi kèm với những động từ diễn tả hành động mang tính ý chí.
> いいかどうか試すときや、どんなものか知りたいという気持ちを伝えるときに使う。相手に軽い気持ちで勧めるときにも使う（③④）。意志的行為を表す動詞につく。

2　〜ておきます

① にもつを かばんに 入れて おきます。
② ごみを 外に 出して おきましょう。
③ 旅行の 話は サラに 伝えて おいたよ。
④ まどは そのまま 開けて おいて ください。

動て形 ＋おきます

> Diễn tả ý để về sau không gặp khó khăn hoặc để việc gì đó được chuẩn bị chu đáo thì phải làm gì đó. Như trong ví dụ ④, mẫu câu này có khi cũng được sử dụng với ý là giữ nguyên trạng thái. Thường đi kèm với những động từ diễn tả hành động mang tính ý chí.
> 後で困らないように、またはあることに備えて何かをすることを表す。④のようにそのままの状態を継続するという意味にも使う。意志的行為を表す動詞につく。

3　〜てしまいます

① レポートは あした 出して しまいます。
② 今日 買った 本は もう 読んで しまった。
③ あの 人の 名前を わすれて しまいました。
④ あ、白い 服が よごれて しまいますよ。

動て形 ＋しまいます

> Diễn tả một việc nào đó đã được hoàn tất sớm như ví dụ ①② hoặc sự tiếc nuối khi không thể quay trở lại trạng thái nào đó như ví dụ ③④.
> 最後まで早々と完了すること（①②）や、後戻りできず残念なこと（③④）を表す。

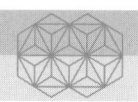

れんしゅう1 （　）の 中の 言葉を 正しい 形に して、書いて ください。

1　おいしい ワインですよ。_____ みませんか。（飲む）
2　おきゃくさんが 来るので、へやを _____ おきましょう。（そうじする）
3　A「かぎは どこですか。」
　　B「つくえの 上に _____ おきましたよ。」（おく）
4　あ、ほかの 人の かさを _____ しまった。（持って くる）
5　ビルが できて、ここから 富士山が _____ しまいました。
　　　　　　　　　　　　　　　　　　　　　　　　　　　（見えなく なる）

れんしゅう2 いちばん いい ものを えらんで ください。

1　紙は もう ぜんぶ（　　）。
　　a 使って みました　　b 使って おきました　　c 使って しまいました
2　これ、おみやげの ぼうしです。ちょっと（　　）ください。
　　a かぶって みて　　b かぶって おいて　　c かぶって しまって
3　その はさみは まだ 使います。（　　）ください。
　　a 出して みて　　b 出して おいて　　c 出して しまって
4　A「この 新聞、まだ 読む？ かたづけても いい？」
　　B「あ、ちょっと 待って。今（　　）から。」
　　a 読んで みる　　b 読んで おく　　c 読んで しまう
5　A「山本さんが いませんね。あしたの 会議の 時間を 知って いるでしょうか。」
　　B「だいじょうぶです。きのう、メールで（　　）。」
　　a れんらくして みました　　b れんらくして おきました
　　c れんらくして しまいました
6　A「うーん。道が わからなく（①　　）。」
　　B「あ、あの 人に（②　　）。」
　①a なって みました　　b なって おきました　　c なって しまいました
　②a 聞いて みましょう　　b 聞いて おきましょう　　c 聞いて しまいましょう

23課 あげます・〜てあげます　くれます・〜てくれます　もらいます・〜てもらいます

1 あげます・〜てあげます

① 妹は　サラさんに　花を　あげました。
② 先生に　カップを　さしあげました。
③ サッカー場に　行くの？　地図を　かいて　あげるよ。

　名を　＋あげます・さしあげます
　動て形　＋あげます・さしあげます

Chủ ngữ của câu là người nói hoặc người gần gũi với người nói về mặt tâm lý. Đối tượng tiếp nhận sự vật hoặc hành động không phải là người nói. Trong trường hợp biểu tặng cho người trên không phải là người trong gia đình (như thầy giáo, giám đốc, khách hàng, v.v.) thì sẽ dùng mẫu さしあげます.
主語は話者、または心理的に話者に近い人。物や行為を受ける人は話者以外の人。家族以外の目上の人（先生、社長、客など）に与えるときは「さしあげます」を使う。

2 くれます・〜てくれます

① 山田さんは　わたしに　時計を　くれました。
② 先生が　妹に　本を　くださいました。
③ 友だちが　店の　場所を　教えて　くれました。
④ サラさんは　いっしょに　病院へ　行って　くれた。

　名を　＋くれます・くださいます　　動て形　＋くれます・くださいます

Chủ ngữ của câu không phải là người nói. Đối tượng tiếp nhận sự vật hay hành động là người nói hoặc những người gần gũi với người nói về mặt tâm lý. Trong trường hợp nhận từ người trên không phải là người trong gia đình thì sẽ dùng mẫu くださいます.
主語は話者以外の人。物や行為を受ける人は話者、または心理的に話者に近い人。家族以外の目上の人から受けるときは「くださいます」を使う。

3 もらいます・〜てもらいます

① 山田さんに／から　時計を　もらいました。
② 妹は　先生に／から　本を　いただきました。
③ サラさんに　いっしょに　病院へ　行って　もらった。

　名を　＋もらいます・いただきます　　動て形　＋もらいます・いただきます

Chủ ngữ (là vật hoặc là người tiếp nhận hành động) là người nói hoặc những người gần gũi với người nói về mặt tâm lý. Trong trường hợp nhận từ người trên không phải là người trong gia đình thì sẽ dùng mẫu いただきます.
主語（物または行為を受ける人）は話者、または心理的に話者に近い人。家族以外の目上の人から受けるときは「いただきます」を使う。

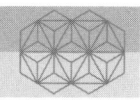

れんしゅう1 （　）の 中の 言葉を 正しい 形に して、書いて ください。

1　両親に 東京スカイツリーを ＿＿＿＿＿ あげたいです。（見せる）
2　先週、山田さんが パーティーに ＿＿＿＿＿ くれました。（しょうたいする）
3　先生は いつも ていねいに ＿＿＿＿＿ くださいます。（教える）
4　友だちに ＿＿＿＿＿ もらった 写真を 母に 送りました。（とる）
5　すみませんが、作文を ＿＿＿＿＿ いただけませんか。（なおす）

れんしゅう2 いちばん いい ものを えらんで ください。

1　わたしが かぜで ねて いる とき、山田さんが（　）。
　　a 来て あげました　　b 来て くれました　　c 来て もらいました
2　今日は（　）、ほんとうに ありがとう。
　　a 手伝って　　b 手伝って あげて　　c 手伝って くれて
3　きのう かいた えを 先生に 見て（　）。
　　a さしあげました　　b くださいました　　c いただきました
4　レストランで 店員から（①　）カレンダーを、ジョンさんに（②　）。
　①a あげた　　b くれた　　c もらった
　②a あげました　　b くれました　　c もらいました
5　トム「この セーター、サラさんに（①　）んです。」
　山田「へえ、サラさんが 作ったんでしょうか。」
　トム「ええ、サラさんが（②　）んです。」
　①a あげた　　b くれた　　c もらった
　②a 作って あげた　　b 作って くれた　　c 作って もらった
6　森さんが 妹に 本を（①　）ので、おれいに おかしを（②　）。
　①a 買って あげた　　b 買って くれた　　c 買って もらった
　②a あげました　　b くれました　　c もらいました

24課　～(ら)れます

1　～(ら)れます　－　受身1　Bị động-1

① 今日は　先生に　ほめられました。
② 朝、サッカーの　れんしゅうが　あるから、いつも　6時に　起こされる。
③ 女の　人に　道を　聞かれました。
　→受身の形　24ページ

☞　Lấy người nói hoặc những người gần gũi với người nói về mặt tâm lý làm chủ ngữ để diễn tả việc người nói hoặc những người gần gũi với người nói chịu ảnh hưởng của những hành vi do người khác gây ra. Thông thường nếu chủ ngữ là わたし thì thường được lược bỏ.
　話者または心理的に話者に近い人を主語にして、ほかの人の行為の影響を受けることを表す。主語が「わたし」のときは、ふつう省略する。

2　～(ら)れます　－　受身2　Bị động-2

① (わたしは)電車の　中で　足を　ふまれました。
② 弟に　ケーキを　食べられて　しまいました。
③ うちの　前に　ごみを　すてられて、こまって　います。
④ きのう、どろぼうに　入られた。

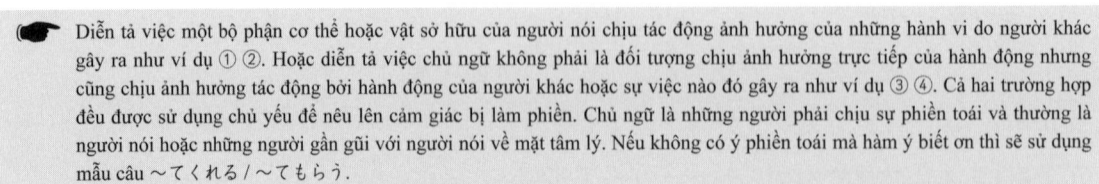

☞　Diễn tả việc một bộ phận cơ thể hoặc vật sở hữu của người nói chịu tác động ảnh hưởng của những hành vi do người khác gây ra như ví dụ ①②. Hoặc diễn tả việc chủ ngữ không phải là đối tượng chịu ảnh hưởng trực tiếp của hành động nhưng cũng chịu ảnh hưởng tác động bởi hành động của người khác hoặc sự việc nào đó gây ra như ví dụ ③④. Cả hai trường hợp đều được sử dụng chủ yếu để nêu lên cảm giác bị làm phiền. Chủ ngữ là những người phải chịu sự phiền toái và thường là người nói hoặc những người gần gũi với người nói về mặt tâm lý. Nếu không có ý phiền toái mà hàm ý biết ơn thì sẽ sử dụng mẫu câu ～てくれる／てもらう.
　体の一部や持ち物が他の人の行為の影響を受けることを表す(①②)。また、(行為を直接受けるわけではないが)人の行為や出来事の影響を受けることを表す(③④)。どちらも主に迷惑だと感じた場合に使う。主語は迷惑を被った人で、話者または心理的に話者に近い人。迷惑なことではなく、ありがたいことの場合は「～てくれる・～てもらう」を使う。

3　～(ら)れます　－　受身3　Bị động-3

① 来年、夏の　オリンピックが　開かれます。
② この　本は　世界中で　読まれて　いる。
③ この　えは　1800年に　かかれたそうです。

☞　Câu bị động mà chủ ngữ là vật. Là cách nói không nhấn mạnh về cảm xúc của người nói mà chỉ đơn thuần nêu lên sự việc.
　物が主語になる受身文。話者の感情ではなく、事実だけを述べる言い方。

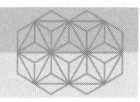

れんしゅう1 （　）の 中の 言葉を 正しい 形に して、書いて ください。
1 今週は 部長に 仕事を たくさん ＿＿＿＿＿ました。（たのむ）
2 わたしは よく 父に ＿＿＿＿＿ます。（しかる）
3 母に まんがを ぜんぶ ＿＿＿＿＿ました。（すてる）
4 友だちに 名前を ＿＿＿＿＿て、かなしかった。（まちがえる）
5 おふろに 入って いる とき、友だちに ＿＿＿＿＿て、こまりました。（来る）
6 さいごに てんを ＿＿＿＿＿て、まけて しまいました。（とる）
7 この 歌は 世界中の 人に ＿＿＿＿＿て います。（知る）

れんしゅう2 いちばん いい ものを えらんで ください。
1 きのうの 夜は、（　）なかれて、ねられませんでした。
　a 子どもが　　　　b 子どもに　　　　c 子どもを
2 わたしは （①　）新しい （②　）こわされて しまいました。
　①a 弟が　　　　b 弟に　　　　c 弟を
　②a ゲームが　　　　b ゲームに　　　　c ゲームを
3 わたしは 家族に「みっちゃん」と（　）います。
　a よんで　　　　b よばれて　　　　c よべて
4 友だちに 手紙を（　）、出しました。
　a 書いて　　　　b 書けて　　　　c 書かれて
5 店の 人に おねがいして、みんなの 写真を（　）。
　a とって くれました　　b とって もらいました　　c とられました
6 映画館で、せが 高い 人に 前の せきに（　）、こまりました。
　a すわって　　　　b すわって もらって　　　　c すわられて
7 トム「いい スカーフだね。」
　サラ「ありがとう。友だちが 誕生日に（　）の。」
　a 送って くれた　　b 送られた　　c 送った

24課 〜（ら）れます

25課　～(さ)せます　　～さ(せら)れます

1　～(さ)せます

① 店長「今日、店員を 一人 やめさせたよ。ちこくが 多いのでね。」
② 兄「弟に へやの そうじを させました。」
③ けんは 犬を じゆうに あそばせます。
④ この ノート、コピーさせて くれませんか。
⑤ うそを ついて、父を おこらせて しまいました。
⑥ 妹を なかせては いけないよ。
　→使役の形　26ページ

☞ Diễn tả việc bắt người khác làm hành động gì đó như ví dụ ① ②; cho phép người khác thực hiện hành động nào đó như ví dụ ③ ④ hoặc làm cho ai đó bùng phát cảm xúc như ví dụ ⑤ ⑥. Về nguyên tắc, nếu là trường hợp tự động từ thì trợ từ miêu tả đối tượng thực hiện hành động là を như trong ví dụ ① ③ ⑤ ⑥; còn nếu là tha động từ thì sử dụng trợ từ に như trong ví dụ ②.
　ほかの人にある行為を強制する(①②)、ある行為を容認する(③④)、ある感情を誘発する(⑤⑥)ことを表す。行為をする人を表す助詞は、原則的に自動詞の場合は「を」(①③⑤⑥)、他動詞の場合は「に」を使う(②)。

2　～さ(せら)れます

① 店員「今日、アルバイトを やめさせられました。」
② 弟「兄に へやの そうじを させられました。」
③ けんには よく びっくりさせられます。
④ 子どもが おそくまで 帰って こなくて、しんぱいさせられました。
　→使役受身の形　28ページ

☞ Diễn tả việc bị ai đó bắt làm gì và không còn cách nào khác phải thực hiện hành động đó như ví dụ ① ②; hoặc ai đó vì lý do nào đó mà bị làm cho có cảm xúc như vậy như ví dụ ③ ④. Chủ ngữ là người nói hoặc những người gần gũi với người nói về mặt tâm lý. Nếu không phải là những hành động bị cưỡng chế phải làm mà là những hành động như mong muốn thì sử dụng mẫu ～させてくれる/～させてもらう.
　ある人に強制されてしかたなくある行為をする(①②)、ある人が原因でそういう感情が起きる(③④)ことを表す。主語は話者、または心理的に話者に近い人。強制された行為ではなく、望んだ行為の場合は「～させてくれる・～させてもらう」を使う。

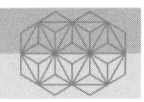

れんしゅう1 （　）の 中の 言葉を 正しい 形に して、書いて ください。

1 店長は 店員たちに あいさつの 言葉を ＿＿＿＿＿＿ます。（おぼえる）
2 ぼくは 犬に ボールを とりに ＿＿＿＿＿＿ました。（行く）
3 トムさんは おもしろい ことを 言って、サラさんを ＿＿＿＿＿＿ます。（わらう）
4 おいしそうですね。少し ＿＿＿＿＿＿て くれませんか。（食べる）
5 いい 仕事を 見つけて、両親を ＿＿＿＿＿＿たいです。（よろこぶ）
6 先週は レポートを 3つも ＿＿＿＿＿＿て、たいへんでした。（書く）
7 わたしは 社長に 日曜日も 会社へ ＿＿＿＿＿＿ました。（来る）

れんしゅう2 いちばん いい ものを えらんで ください。

1 子どもに たくさん やさいを （　）ましょう。
　　a 食べられ　　　　　b 食べさせ　　　　　c 食べさせられ
2 駅の 人に「ここで たばこを すわないで ください」と （　）。
　　a 注意されました　　b 注意させました　　c 注意させられました
3 ぼくは 楽しく あそんで いたのに、お母さんに 手伝いを （　）。
　　a されました　　　　b させました　　　　c させられました
4 校長先生は （　） 意見を 言わせて くれませんでした。
　　a ぼくたちに　　　　b ぼくたちが　　　　c ぼくたちを
5 うちの お母さんは、いつも じゆうに まんがを （　）ので、うれしいです。
　　a 読まれる　　　　　b 読ませられる　　　c 読ませて くれる
6 きのうは 一日中 社長に 重い かばんを （　）、つかれた。
　　a 持たれて　　　　　b 持たせて　　　　　c 持たされて
7 この 仕事、わたしに （　） くれませんか。
　　a やって　　　　　　b やらせて　　　　　c やらされて
8 小学校の とき、先生に 好きな えを （　）、とても 楽しかったです。
　　a かかせて もらって　b かかされて　　　　c かいて

まとめ問題（1課〜25課）

もんだい1　（　）に　何を　入れますか。1・2・3・4から　いちばん　いい　ものを　一つ　えらんで　ください。

1　来年、この　町で　サッカーの　大きい　試合が　開かれる　（　）　なりました。
　　1　のに　　　　2　ことに　　　　3　ときに　　　　4　ように

2　A「この　パソコン、使わないなら、けしても　いいですか。」
　　B「あ、すぐ　使うので、（　）　ください。」
　　1　つけて　みて　　　　　　　　2　つけて　あって
　　3　つけて　しまって　　　　　　4　つけて　おいて

3　トム「この　ざっしに　書いて　ある　店、おいしそうだね。」
　　サラ「あ、ここ、よさそうだったから、先週　友だちと　（　）　んだ。」
　　1　行って　みた　　　　　　　　2　行って　くれた
　　3　行かれた　　　　　　　　　　4　行かせた

4　A「来月の　ひこうきの　チケットは　もう　とって　ありますか。」
　　B「いいえ、まだです。これから、（　）。」
　　1　よやくして　あります　　　　2　よやくして　くれます
　　3　よやくして　おきます　　　　4　よやくして　います

5　急に　だれかに　名前を　（　）　びっくりした。
　　1　よんで　　　2　もらって　　　3　よばせて　　　4　よばれて

6　子どもの　ころ、兄は　よく　友だちを　（　）。
　　1　なきました　2　なかせました　3　なかれました　4　なかされました

もんだい2　＿＿＿★＿＿＿に　入る　ものは　どれですか。1・2・3・4から　いちばん　いい　ものを　一つ　えらんで　ください。

1　サラ「トム、体の　ために　もっと　運動しないと。」
　　トム「じゃ、これから　バスを　＿＿＿　＿＿＿　★　＿＿＿　するよ。」
　　1　歩く　　　　2　やめて　　　　3　駅まで　　　　4　ことに

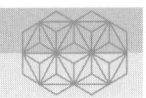

2 わすれないように ____ ____ ★ ____ しまいました。
　1 メモを　　　 2 書いて　　　 3 なくして　　　 4 おいた

3 つくえの 上に ____ ____ ★ ____ かざって あります。
　1 トムさんが　 2 写真が　　　 3 くれた　　　　 4 とって

もんだい3 ［1］から［4］に 何を 入れますか。文章の 意味を 考えて 1・2・3・4から いちばん いい ものを 一つ えらんで ください。

　9月1日　今日は ちょっと たいへんでした。おくれないで アルバイトに 行く つもりでしたが、電車の 中に カメラを わすれて しまいました。それで、駅員に わすれ物を した ことを 話しました。駅員に「どんな カメラですか。」と ［1］。わたしは「赤い カメラです。黒い ケースに 入って いる ［2］ です。」と 答えました。その 後、駅員は ほかの 駅に 電話を かけました。そして、ほかの 駅に カメラが ある ことが わかりました。親切な 人が カメラを ［3］ のです。わたしは その 駅まで とりに 行かなければ なりませんが、アルバイトが あったので、あした とりに ［4］。アルバイトに おくれて 少し しかられましたが、カメラが 見つかって ほんとうに よかったです。

1　1 聞きました　　2 聞かれました　　3 聞かせました　　4 聞かされました
2　1 そう　　　　　2 よう　　　　　　3 らしい　　　　　4 はず
3　1 ひろって くれた　　　　　　2 ひろって あげた
　 3 ひろって もらった　　　　　4 ひろわれた
4　1 行くと 思います　　　　　　2 行くように なりました
　 3 行く ことに しました　　　　4 行く ことに なりました

実力養成編　第2部　文法形式の整理

Luyện phát triển kỹ năng

Phần 2: Tóm tắt các hình thức ngữ pháp

1課　で・に

1　「で」の使い方

A① ろうかで　えを　かきました。
② 近所で　火事が　ありました。

☞ Diễn tả nơi diễn ra hành động, sự việc như ví dụ ①　và nơi xảy ra sự kiện như ví dụ ②.
行為・行事が行われる場所（①）・出来事が起こる場所（②）を表す。

B① 毎日　自転車で　会社に　行きます。
② 紙で　にんぎょうを　作りました。

☞ Diễn tả phương thức như ví dụ ①, nguyên liệu như ví dụ ②.　手段（①）・材料（②）を表す。

C① 日本で　いちばん　高い　山は　富士山です。

☞ Diễn tả phạm vi.　範囲を表す。

D① 父は　今　仕事で　いそがしいです。
② かぜで　学校へ　行けませんでした。

☞ Diễn tả nguyên nhân, lý do.　原因・理由を表す。　　　　　　　　　　　　→第1部9課3

2　「に」の使い方

A① あそこに　池が　あるでしょう？　あの　池に　魚が　たくさん　いますよ。
② にわに　いろいろな　花が　さいて　いますね。

☞ Diễn tả nơi tồn tại của vật và sinh vật như ví dụ ①, nơi diễn ra một trạng thái nào đó như ví dụ ②.
物や生物が存在する場所（①）・状態が表れている場所（②）を表す。

B① ろうかに　えを　かきました。
② 毎朝　バスに　乗ります。

☞ Diễn tả điểm tới của đối tượng của hành động như ví dụ ①, điểm tới của chủ thể hành động như ví dụ ②.
動作の対象の到着点（①）・動作の主体の到着点（②）を表す。

C① あした　この　本を　山中さんに　返します。
② その　写真、ちょっと　わたしに　見せてよ。

☞ Diễn tả đối tượng chịu tác động của hành động.　動作が及ぶ対象を表す。

D① じゅぎょうは　9時に　始まります。

☞ Diễn tả điểm thời gian.　時点を表す。

94 ── 実力養成編　第2部　文法形式の整理

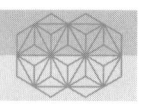

れんしゅう1 （　）の 中に 「で」か 「に」を 書いて ください。
1　子どもの へや（　　） 大きい まどを 作りました。へやが 明るく なりました。
2　子どもの へや（　　） いっしょに 紙の ひこうきを 作りました。
3　じこ（　　） 電車が 止まって います。
4　東京駅（①　　） 地下鉄（②　　） 乗りかえます。
5　風（①　　） 外の せんたく物が とびそうです。中（②　　） 入れて ください。
6　あした ホール（①　　） お茶の 会が あります。3時（②　　） ホール（③　　） 集まって ください。
7　むこう（①　　） 高い 山が 見えるでしょう？ 今日は あの 山（②　　） のぼります。
8　こちらの へや（①　　）、この いす（②　　） すわって 少し 休んで ください。
9　友だちの 家（①　　） にもつを 送ったけど、そこ（②　　）は もう 友だちは 住んで いないようだった。
10　この 紙（①　　） 黒い ペン（②　　） 名前を 書いて ください。

れんしゅう2　aか bか いい ほうを えらんで ください。
1　こうえんで （a 池が　b コンサートが） あります。
2　ここに （a にもつを おいて　b 料理を 作って） ください。
3　台風で （a はしが こわれました　b はしを わたりました）。
4　図書館に 本を （a かえします　b さがします）。
5　この ホテルに （a いちばん いい へやは どこですか　b とても いい へやが あります）。
6　駅の 前に （a 花屋が できました　b 花を 買いました）。
7　いつも （a 8時間に　b 8時に） ねます。
8　動物園に いろいろな （a 動物が います　b 動物を 見ましょう）。
9　この みかんで （a むしが 食べました　b ジュースを 作りましょう）。
10　世界で （a いろいろな 国が あります　b いちばん 広い 国は どこですか）。

2課　を・と

1　「を」の使い方

A ① いい くつを 買いました。

☛ Diễn tả đối tượng của hành động.　動作の対象を表す。

B ① あの はしを わたります。
　② 父は 毎日 こうえんを さんぽします。

☛ Diễn tả địa điểm mà ai đó di chuyển hoặc đi qua.　通過・移動する場所を表す。

C ① 京都駅で 電車を おりました。
　② わたしは 10年前に 国を 出て、日本に 来ました。

☛ Diễn tả địa điểm mà ai đó rời xa hoặc điểm xuất phát.　離れる場所・起点を表す。

D ① あの 建物は まるい 形を して いますね。
　② はなちゃん、どうしたの？ 赤い 顔を して いるね。

☛ Diễn tả trạng thái của người hoặc vật trong mẫu câu 〜をしています.
　「〜をしています」の形で、物や人の形状を表す。

2　「と」の使い方

A ① うちには 犬と ねこと 鳥が います。

☛ Liệt kê sự vật, người, sự việc.　並べるものを表す。

B ① 夏休みに 母と 富士山に のぼります。
　② 会社の 人たちと おさけを 飲みに 行きました。

☛ Diễn tả đối tượng cùng thực hiện hành động nào đó.　行為を一緒にする相手を表す。

C ① 弟は よく 友だちと けんかします。
　② 母は 父と くらべて 明るいです。
　③ わたしは サラさんと 同じ 年です。

☛ Diễn tả đối tượng mà hành động tác động tới (①), diễn tả tiêu chuẩn so sánh (②③).
　対する相手(①)・比べる基準(②③)を表す。

D ① 彼女は 「さようなら」と 言いました。

☛ Nêu tên gọi, nội dung lời nói, suy nghĩ, v.v..
　名前や発言・考えなどの内容を表す。

→第1部17課

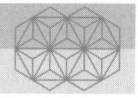

れんしゅう1 （　）の 中に 「を」か 「と」を 書いて ください。
1　サラ「あれ、マリさん、どうして ここに いるの？」
　　マリ「リサさん（①　）待って いるの。彼女（②　）映画を 見に 行くの。」
2　9時に 家（　）出ました。
3　サラの 「や」の 書き方は ぼくの 書き方（　）ちがうね。
4　先生「一人で この 教室（①　）そうじしたの？」
　　学生「いえ、トムさんや サラさん（②　）いっしょに しました。」
5　空（　）とんで、南の 国へ 行きたい。
6　駅で 友だち（　）わかれて 家に 帰りました。
7　サラさんは きれいな 目（　）して います。
8　「tuna」は 日本語で まぐろ（　）言います。
9　プレゼントを くれた 人に おれい（　）言います。

れんしゅう2　aか bか いい ほうを えらんで ください。
1　2時に 東京駅を （a おりました　b 出発しました）。
2　きのうは 会社を （a 休みました　b 働きました）。
3　こちらの 山道を （a 休む 所が ありますよ　b 歩きましょう）。
4　ろうかを （a 走らないで ください　b あそばないで ください）。
5　ぼくは マリさんと （a 電話を かけます　b けっこんします）。
6　会議室は、7かいで エレベーターを （a 乗って　b おりて）、すぐ 目の 前ですよ。
7　駅で サラさんと （a 見て　b 会って）、いっしょに こうえんへ 行きます。
8　【タクシーの中】
　　運転手さん、つぎの かどを （a おります　b まがって ください）。
9　トムさんは 友だちを （a むかえに　b そうだんしに） 行きました。
10　この 漢字は 何と （a 読みますか　b 使いますか）。

3課　も・しか

1 「も」の使い方

A ①あしたは わたしが 料理を 作ります。おかし<u>も</u> 作ります。
　②わたしは 海<u>も</u> 山<u>も</u> 好きです。

👉 Thêm vào những đối tượng cùng dạng. 同様のものを加える。

B ①うちから 会社まで 2時間<u>も</u> かかります。
　②何度<u>も</u> 電話しましたよ。

👉 Thường đi kèm với từ chỉ lượng hoặc tập hợp "なん + lượng từ đếm" để nhấn mạnh số nhiều. 数量詞や「何＋助数詞」と一緒に使い、多いことを強調する。

C ①セーターを 1まい<u>も</u> 持って いません。
　②日本人の 友だちは まだ 一人<u>も</u> いません。

👉 Thường đi kèm với tập hợp "1 + lượng từ đếm" trong câu phủ định để nhấn mạnh việc hoàn toàn không có gì. 否定文の中で「1＋助数詞」と一緒に使い、ゼロであることを強調する。

D ①だれ<u>も</u> 来ませんでしたよ。
　②きのうは どこへ<u>も</u> 行きませんでした。

👉 Thường đi kèm với từ để hỏi (+ trợ từ) nhằm nhấn mạnh câu phủ định. 疑問詞（＋助詞）と一緒に使い、否定文であることを強調する。

E ①この 子は もう 漢字<u>も</u> 読めます。
　②この 言葉は いちばん 新しい じしょに<u>も</u> ない。

👉 Đưa ra một ví dụ mang tính cực đoan nhằm ám chỉ sự việc thấp hơn hoặc cao hơn nữa là điều đương nhiên. 極端な例を出して、それ以下（以上）は当然であることを暗示する。

2 「しか」の使い方

A ①うちから 会社まで 20分<u>しか</u> かかりません。
　②100てんの 人は 2人<u>しか</u> いませんでした。

👉 Thường đi kèm với từ chỉ lượng và nằm trong câu phủ định để nhấn mạnh số ít. 否定文の中で数量詞と一緒に使い、少なさを強調する。

B ①この 村に 外国人は わたし<u>しか</u> いません。
　②この 話は まだ 母に<u>しか</u> 話して いません。

👉 Giới hạn một đối tượng nào đó trong câu dạng phủ định nhưng mang ý khẳng định về đối tượng đó, còn những đối tượng khác thì bị phủ định. 否定文の中であるものだけを限定して肯定し、他を否定する。

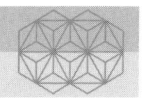

れんしゅう1 （　）の 中に 「も」か 「しか」を 書いて ください。どちらも 必要では ない 場合は 「×」を 入れて ください。

Hãy điền も hoặc しか vào (　) sao cho thích hợp. Ở những chỗ không cần có thể điền ×.

1　この ことは だれに（　） 言わないでね。
2　きのうは 大雨が ふりました。風（　） 強かったです。
3　A「おさけを 1ぱい（　） 飲みませんか。」
　　B「いいですね。飲みましょう。」
4　今日は 朝から 何人（　） おきゃくさんが 来て、いそがしかったです。
5　この デザインの バッグが 買える 店は ここ（　） ありません。
6　すみません。500円（　） 貸して くれませんか。
7　こんな おいしい 物は どこに（　） ありませんね。
8　ぼくは ネクタイを この 1本（　） 持って いないんだよ。
9　安かったので、パンを いくつ（　） 買いました。
10　いつか 一度（　） ふねで 世界旅行を したいです。

れんしゅう2　aか bか いい ほうを えらんで ください。
1　へえ、1か月も（a 旅行したんですか　b 旅行しなかったんですか）。
2　今、何も（a 食べたいです　b 食べたくないです）。
3　試験の 日まで 時間が 少ししか（a あるから　b ないから）、がんばろう。
4　5時間（a も 歩いたから　b しか 歩かなかったから）、つかれました。
5　こまりましたね。いすが 12（a も ありますね　b しか ありませんね）。おきゃくさんは 15人 来ますよ。
6　A「わたしは 何年も この 町に 住んで います。」
　　B「そうですか。じゃ、町の ことを（a もう よく 知って いるでしょう　b まだ よく 知らないでしょう）？」
7　だれも わたしの 仕事を（a 手伝って くれました　b 手伝って くれませんでした）。

4課 だけ・でも

1 「だけ」の使い方

A ①わたしの ほんとうの 友だちは サラだけだ。
②その みかんを 一つだけ わたしに ください。
③とうふは 日本にだけ ある 食べ物でしょうか。
④日本で 雨が 多い 月は 6月だけでは ない。9月にも よく 雨が ふる。

☛ Chỉ giới hạn. 限定する。

2 「でも」の使い方

A ①こんな かんたんな ことは 小学生でも わかります。

☛ Đưa ra ví dụ cực đoan hoặc ví dụ không mang tính đương nhiên, ám chỉ dù có ở trường hợp đó đi nữa thì trạng thái, hành động nào đó vẫn xảy ra.
極端な例や当然ではない例を出し、その場合であっても成り立つことを示す。 →第1部16課

B ①1分でも 長く ねて いたいです。
②1円でも 安いほうが いい。
③わたしは 少しでも みんなの やくに 立ちたい。

☛ Chủ yếu đi kèm với tập hợp "1 + lượng từ đếm" để diễn tả ý nhượng bộ rằng chỉ cần thế là đã đủ.
主に「1＋助数詞」と一緒に使い、それでもいいという譲歩を表す。

C ①さあ、あまい 物でも 食べませんか。
②ここで ざっしでも 読んで 待って いて ください。
③日曜日には 花見にでも 行こうかな。

☛ Đưa ra ví dụ một cách nhẹ nhàng trong câu có ý đề xuất, nhờ vả, thể hiện ý chí, v.v. để đưa ra những ví dụ nhẹ nhàng.
提案・依頼・意志などの文で、軽く例をあげる。

D ①いつでも 好きな ときに 来て ください。
②この クラブには だれでも 入れます。
③今、コーヒーは 世界の どこにでも あります。

☛ Thường được dùng với nghi vấn từ, để diễn tả ý bao gồm tất cả những đối tượng cùng loại.
疑問詞と一緒に使い、同類のすべてを含むことを表す。

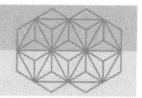

れんしゅう1 （　）の 中に 「だけ」か 「でも」を 書いて ください。

1 この ふくろには 紙の ごみ（　） 入れてね。ほかの ごみは 入れないでね。
2 この まんがが 好きだと 答えた 人は 子ども（　）では なかった。
3 うちの 子は だれと（　） すぐ 友だちに なります。
4 すみません。あと 5分（　） 待って ください。
5 二人（①　）で しずかに 音楽（②　） 聞きたいね。
6 すぐ 帰って くるよ。ここで ゲーム（　） して いて。
7 しっかり あいさつしなさいね。3さいの 子ども（　） できるよ。
8 A「コーヒーに ミルクと さとうを 入れますか。」
　 B「あ、ミルク（　） 入れて ください。」
9 わたしは ピアノ（　）は ずっと つづけたいなあ。
10 A「ちょっと パンを 買って きて。」
　 B「パン（①　）で いいの？ くだもの（②　） 買って こようか。」
　 A「そうね。おねがい。」

れんしゅう2 aか bか いい ほうを えらんで ください。

1 ジョンさんは （a 何も　b 何でも） できて、すごいですね。
2 この 町に 映画館は （a 一つでも　b 一つも） ありません。
3 つかれましたね。コーヒーでも （a 飲みました　b 飲みましょう）。
4 みんな 帰った。わたしだけ 教室に （a のこって いる　b のこって いない）。
5 わたしは きらいな 食べ物は あまり ありませんが、なっとうだけは
　 （a 食べられます　b 食べられません）。
6 この 国は 冬でも （a ゆきが ふります　b ゆきは ふりません）。
7 あの 店は 夜の 12時でも （a 開いて いますよ　b 開いて いませんよ）。
8 一人でも 多く わたしの 店に 買いに 来て （a もらいたいです
　 b もらいたくないです）。

5課　は・が

1　「は」の使い方

A ①ちきゅうは　まるいです。
　②鳥は　空を　とびます。魚は　水の　中を　およぎます。

> 👉 Chỉ ra chủ đề của câu nói về những sự việc, sự vật không đổi. 不変的な事実を言う文の話題を示す。

B ①昼ご飯は　おべんとうを　買って　食べます。
　②中川さんとは　来週　会います。

> 👉 Chỉ ra chủ đề của câu nhằm tạo sự khác biệt với những đối tượng khác trong câu. 他と区別するために取り立てた話題を示す。

C ①その　DVDは　もう　見ましたが、こちらは　まだです。
　②夏は　大好きですが、冬は　好きでは　ありません。

> 👉 Chỉ ra chủ đề của câu nhằm so sánh. 対比するために取り立てた話題を示す。

D ①あしたの　パーティーに　15人は　来るでしょう。
　②ここから　山の　上まで　5時間は　かかりますよ。

> 👉 Chỉ ra giới hạn thấp nhất. 最低限度を示す。

2　「が」の使い方

A ①あ、めずらしい　鳥が　とんで　いますよ。
　②何曜日が　いちばん　いそがしいですか。
　③その　仕事、わたしが　やります。

> 👉 Diễn tả chủ thể của hành động hoặc sự việc (cũng có trường hợp là nghi vấn từ). Hay được sử dụng để nói về những sự việc diễn ra trước mắt như ví dụ ①, hoặc khi nói rằng không phải là cái khác như ví dụ ②③.
> 動作・出来事の主体（疑問詞の場合もある）を示す。目の前のことを言うとき（①）や、他のものでないと言いたいとき（②③）によく使われる。

B ①サラさんは　かみが　きれいですね。
　②ジョンさんは　トラックの　運転が　できます。
　③ああ、足が　いたい！
　④わたしは　じしんが　こわいです。

> 👉 Thường xuất hiện trong mẫu câu có dạng ～は～が… để diễn tả một bộ phận của chủ đề như ví dụ ① hoặc đối tượng của khả năng, cảm giác, cảm xúc như trong ví dụ ②③④.
> 「～は～が…。」の形の文で、話題（～）の一部分（①）や、能力・感覚・感情の対象（②③④）を示す。

102 ── 実力養成編　第2部　文法形式の整理

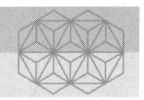

れんしゅう1 （　）の 中に 「は」か 「が」を 書いて ください。
1　どの 問題（　） むずかしいですか。
2　1時間（　） 60分です。
3　A「見て ください。さくら（①　） たくさん さいて いますよ。」
　　B「ええ、さくら（②　） ほんとうに きれいな 花ですね。」
4　ああ、つめたい ビール（　） 飲みたい。
5　A「どれ（①　） あなたの かさですか。」
　　B「これです。これ（②　） もう 10年も 使って います。」
6　リサ「あれ、ジョンさん、どうしたんですか。目（①　） 赤いですよ。」
　　ジョン「ごみ（②　） 入ったようです。」

れんしゅう2　aか bか いい ほうを えらんで ください。
1　トム「これ、はなちゃんの えです。上手ですね。」
　　田中「え！ はなちゃんが （a かいたんですか　b 何さいですか）。」
2　A「きれいな 海ですね。」
　　B「ええ、海は （a 広いですね　b 見えますね）。」
3　A「すもうを 見た ことが ありますか。」
　　B「すもうですか。テレビでは 見た ことが ありますが、目の 前では
　　　（a 見た ことも あります　b 見た ことが ありません）。」
4　森田「サラさん、日本語が 上手ですね。」
　　サラ「いえ、まだまだですよ。漢字が よく （a れんしゅうして いるんです
　　　b おぼえられないんです）。」
5　A「この スプーン、おみやげです。どれでも 好きなのを どうぞ。」
　　B「へえ、この スプーンは （a ほしいです　b どこの 国のですか）。」
6　トム「駅前に パン屋が できたね。」
　　サラ「そう。わたしは 日本の パンが （a とても 好き　b あまり 食べない）。」

まとめ問題（1課〜5課）

もんだい1 （　）に 何を 入れますか。1・2・3・4から いちばん いい もの を 一つ えらんで ください。

① ざんねんです。一つ（　）答えを まちがえました。99てんです。
　1　も　　　　　2　しか　　　　　3　でも　　　　　4　だけ

② A「運転手さん、みんなが まだ 集まりません。出発の 時間、だいじょうぶですか。」
　B「えーと、8時（　）待てますが……。8時を すぎると、こまりますねえ。」
　1　までは　　　2　までに　　　3　まででは　　　4　までには

③ こうえんの そば（　）駅へ 行きましょう。その ほうが 早いです。
　1　を 出て　　2　を 通って　　3　に 着いて　　4　で 歩いて

④ けん「お母さん、おなかが すいたよ。」
　母　「わかった。じゃ、サンドイッチ（　）。」
　1　でも 作ろうか　　　　　2　でも 作ったよ
　3　にも 作ろうか　　　　　4　にも 作ったよ

⑤ A「この 本、おもしろいですよ。読んで みませんか。」
　B「あ、その 本なら もう（　）読みました。」
　1　何度　　　2　何度も　　　3　一度も　　　4　一度で

⑥ A「ここは たばこが すえる 場所ですか。」
　B「ええ、たばこは（　）すえないんです。ほかの 所では だめです。」
　1　ここでも　　2　ここでは　　3　ここでしか　　4　ここだけで

もんだい2 ＿★＿に 入る ものは どれですか。1・2・3・4から いちばん いい ものを 一つ えらんで ください。

① この 村 ＿＿＿＿ ＿＿＿＿ ＿★＿ ＿＿＿＿ 生きて いる 人が います。
　1　日本　　　2　いちばん 長く　　　3　に　　　4　で

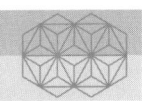

2 さあ、あちらの ___ ___ ★ ___ 用意しましたから、どうぞ。
　1 テーブル　　2 お茶　　　　3 に　　　　　　4 を

3 A「今年の 秋には おいしい 米が たくさん できそうですね。」
　B「はい。少し ___ ___ ★ ___ と 思います。」
　1 いい　　　2 多く　　　　3 いいのが できると　4 でも

もんだい3　1 から 4 に 何を 入れますか。文章の 意味を 考えて 1・2・3・4から いちばん いい ものを 一つ えらんで ください。

富士山
トム・ブラウン

先週、学校の 旅行で 富士山に 行きました。今まで 写真や テレビでは 見た ことが ありますが、はじめて ほんとうの 富士山が 見られて、うれしかったです。

むかし、富士山は こわい 山だと 思われて いたようです。山が おこると、 1 出ます。ですから、むかしの 人は 山が おこらないように、 2 富士山に むかって 手を 合わせて、頭を 下げたのだそうです。

わたしたちは 富士山の いちばん 上まで のぼろうと 思いました。でも、急に 天気が 悪く なって、半分までしか 行けませんでした。富士山の 3 見える 朝日は すばらしいそうです。国へ 帰る 前に 4 。

1　1 山まで 火は　　2 山から 火が　　3 山に 火でも　　4 山でも 火も
2　1 遠くまでで　　　2 遠くからでは　　3 遠くまででも　　4 遠くからでも
3　1 上でも　　　　　2 上だけ　　　　　3 上から　　　　　4 上まで
4　1 一度 見たいです　　　　　　　　　2 一度も 見ません
　　3 一度しか 見ません　　　　　　　　4 一度だけ 見ました

6課　の・こと

1 「の」の使い方

A ～のです・～んです

① 国へ 帰る ことに しました。国で いい 仕事が 見つかったのです。
② きのう、どうして 休んだんですか。
③ A「あ、かみを 切ったの？」
　 B「うん、暑いから 短くしたんだ。」

👉 Được dùng khi giải thích tình hình (①③B), khi yêu cầu lời giải thích (②), khi xác nhận (③A). ～のです là cách nói chính thức, trịnh trọng.
事態の説明をするとき(①、③B)、説明を求めるとき(②)、確認をするとき(③A)に使う。「～のです」は正式な硬い言い方。

B ～のは…です

① わたしが 日本に 来たのは 去年です。
② さがして いるのは 今日の 新聞では なくて、きのうの 新聞です。
③ テストの てんが 悪かったのは あまり 勉強しなかったからだ。→第1部9課

👉 Đưa ra thông tin về ~ một cách rõ ràng ở ….
～についての情報を…ではっきり示す。

C ～のが見える・～のが聞こえる　～のを見る・～のを聞く

① 町で トムが 歩いて いるのを 見ました。
② となりの へやの ふうふが 話して いるのが 聞こえます。

👉 Diễn tả những việc biết được thông qua các giác quan。感覚でとらえたことを表す。

2 「こと」の使い方

A ～のこと

① あの 学校の ことを 何か 知って いますか。
② 自分の ことは あまり 話したくない。

👉 Diễn tả nội dung về ~. ～についての内容を表す。

B ～(名詞　Danh từ)は…ことです

① しゅみは 映画を 見る ことと、食べる ことです。
② ぼくの 仕事は 犬を さんぽに つれて いく ことです。

👉 Diễn tả cụ thể về nội dung việc ~ gì đó bằng …. ～の内容を…で具体的に表す。

106　実力養成編　第2部　文法形式の整理

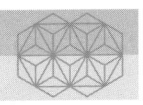

れんしゅう1 （　）の 中に 「の」か 「こと」を 書いて ください。
1 朝 家を 出る（　）は 7時半ごろです。
2 火事の げんいんは 火を けさなかった（　）です。
3 この 町の（　）を しらべて います。
4 A「うれしそうですね。どうした（①　）ですか。」
　 B「プレゼントを もらった（②　）です。」
5 旅行の いちばんの 思い出は 着物を 着た（　）です。
6 子どもたちが 外で あそんで いる（　）が 見えます。
7 なくした（　）は 青い かさでは なくて、黒い かさです。
8 その おかし、だれに もらった（　）？

れんしゅう2 いちばん いい ものを えらんで ください。
1 トムの いい ところは（　）。
　 a うそを 言わないのです　　　b うそを 言わない ことです
　 c うそを 言いません
2 リーさんに（　）は 先週の 金曜日です。
　 a 会ったの　　　b 会った こと　　　c 会った とき
3 来週の（　）を くわしく 教えて ください。
　 a 試験　　　b 試験の こと　　　c 試験の
4 さっき（　）自分で つった 魚です。
　 a 食べたのは　　　b 食べ物は　　　c 食べた ことは
5 何か（　）は ありませんか。ペンでも えんぴつでも いいです。
　 a 書くの　　　b 書く こと　　　c 書く 物
6 わたしは しょうらい 外国で 仕事を（　）。
　 a する ことです　　　b したい ことです　　　c したいのです
7 上手に できなかったのは わたしの 注意を（　）。
　 a 聞かなかったからですよ　　　b 聞きませんでしたね
　 c 聞いて ください

7課　〜て…・〜ないで…

「〜て…／〜ないで…」の使い方

A ①わたしは　朝　6時に　起きて、まず　シャワーを　あびます。
　②タクシーが　止まって、ドアが　開いた。
　③さあ、へやを　かたづけて、食事を　しよう。

> ☞ Kế tiếp theo ~ là thực hiện …／… xảy ra. Trong trường hợp chủ ngữ của ~ và … khác nhau thì ở … sẽ không dùng được câu diễn tả ý muốn, ý định hay kêu gọi thúc giục đối phương hành động.
> 　〜に引き続いて…を行う・…が起こる。〜と…の主語が違う場合、…には話者の意向や相手への働きかけを表す文は来ない。

B ①漢字を　紙に　何度も　書いて　おぼえます。
　②ここまで　歩いて　来ました。
　③ナイフを　使わないで　パンを　切ったのですか。

> ☞ Thực hiện … bằng phương pháp ~.　〜の方法で…をする。

C ①この　旅館の　人たちは　みんな　着物を　着て　働いて　いますね。
　②わたしは　コーヒーに　さとうを　入れて　飲みますが、妹は　入れないで　飲みます。
　③トム「これは　何か　かけて　食べるんですか。」
　　山田「いえ、何も　かけないで　食べて　ください。」
　④今日は　けいたい電話を　持たないで　出かけました。

> ☞ Thực hiện … trong tình trạng ~.　〜の状態で…をする。

D ①さあ、みなさん、今日は　たくさん　食べて、飲んで、話して　ください。
　②じゅぎょうは　9時に　始まって、3時に　終わります。
　③兄は　そうじを　して、ぼくは　さらを　あらった。
　④きのうの　会には　男の　人たちは　来ないで、女の　人たちだけ　来た。

> ☞ Thực hiện …／… xảy ra song song/tương phản với ~.
> 　〜と並列的・対比的に…を行う・…が起こる。

E ①電車が　止まって、仕事に　おくれました。
　②旅行に　行けなくて、ざんねんです。

> ☞ 〜 là lí do mà trở nên …. Dạng phủ định thường không dùng với "ないで" mà là "なくて" (②).
> 　〜が原因で…になる。否定の形は「ないで」ではなく、ふつう「なくて」を使う（②）。　→第1部9課3

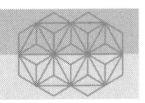

れんしゅう1 （　）の　中の　言葉を　正しい　形に　して、書いて　ください。

1　はじめて　おおぜいの　人の　前に　＿＿＿＿＿＿　スピーチを　しました。（立つ）
2　あまり　よく　＿＿＿＿＿＿　答えて　しまいました。（考える）
3　お金を　＿＿＿＿＿＿、ボタンを　おして　ください。（入れる）
4　うちでは　母は　あまり　料理を　＿＿＿＿＿＿、父が　よく　します。（する）
5　くつを　＿＿＿＿＿＿　家の　外へ　出ては　いけませんよ。（はく）
6　まどを　＿＿＿＿＿＿　すずしい　風を　入れましょう。（開ける）
7　やさいを　こまかく　＿＿＿＿＿＿、この　さらに　入れて　ください。（切る）
8　サラさんが　＿＿＿＿＿＿、トムさんが　ギターを　ひきました。（歌う）

れんしゅう2　aか　bか　いい　ほうを　えらんで　ください。

1　病院へ　行って、（a　薬を　もらいます　　b　頭が　いたいです）。
2　雨なのに、かさを　（a　ささないで　　b　ささなくて）　歩いて　います。
3　ピーと　音が　（a　して　　b　した）、きかいが　止まりました。
4　お金が　（a　足りないで　　b　足りなくて）、本が　買えませんでした。
5　パソコンを　（a　使って　　b　使わなくて）　レポートを　書きます。
6　電話で　（a　話して　　b　話しながら）　食べないで　ください。
7　自転車に　（a　乗って　　b　乗りながら）　こうえんへ　行きます。
8　きっさ店に　（a　入って　　b　入った　後で）、まどの　近くに　すわりました。
9　この　ケーキを　食べて、（a　コーヒーを　飲みます　　b　おいしいですよ）。
10　A「あ、山田さんが　来ましたよ。」
　　B「ああ、よかった。さあ、山田さんが　（a　来て　　b　来たから）、パーティーを　始めましょう。」
11　トム「この　料理、（①a　自分で　考えて　　b　スーパーで　買って）　作ったの？」
　　サラ「ううん。この　本を　（②a　見て　　b　見るから）　作ったよ。」
12　今　子どもたちは　起きて　いて、両親は　（a　ねて　いない　　b　ねて　いる）。

8課 他動詞・自動詞　Ngoại động từ và nội động từ

動作主が／は＋〜（目的語）を＋他動詞	〜が／は＋自動詞
（Chủ thể của hành động）（Mục đích ngữ）（Ngoại động từ）	（Nội động từ）

* Chú trọng vào hành vi Chủ thể của hành động
  動作主の行為に注目する。

* Chú trọng vào hoạt động của 〜
  〜の動きに注目する。

例　わたしは　火を　けしました。

例　火が　きえました。

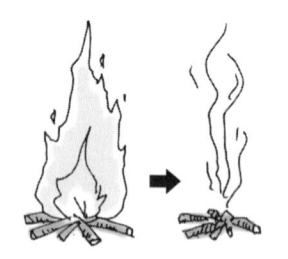

他動詞		自動詞	
電気をつける	かぎをしめる	電気がつく	かぎがしまる
ごみをおとす	いすをならべる	ごみがおちる	いすがならぶ
仕事を見つける	話をつづける	仕事が見つかる	話がつづく
ねだんを上げる	ねだんを下げる	ねだんが上がる	ねだんが下がる
えだをおる	家をこわす	えだがおれる	家がこわれる
子どもを起こす	パンをやく	子どもが起きる	パンがやける
車を止める	じゅぎょうを始める	車が止まる	じゅぎょうが始まる
ねこを家に入れる	きっぷをなくす	ねこが家に入る	きっぷがなくなる
自転車をなおす	病気をなおす	自転車がなおる	病気がなおる
名前をかえる	へやをあたたかくする	名前がかわる	へやがあたたかくなる

①暑いので、まどを　開けます。
②へやに　いた　虫を　外に　出しました。
③トムは　古い　おもちゃを　集めて　います。

①車の　ドアが　急に　開きました。
②学生は　後ろの　ドアから　出ます。
③みんなが　集まって、旅行の　そうだんを　します。

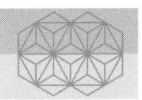

れんしゅう1 aか bか いい ほうを えらんで ください。

1 テーブルの 上に さらを （a ならびましょう　b ならべましょう）。
2 時計が （a 止まって　b 止めて） いて、時間が わかりません。
3 この 町は 10年前と だいぶ （a かえた　b かわった）。
4 とても 暑い 日が 1週間以上 （a つづいて　b つづけて） います。
5 質問が ある 人は 手を （a あげて　b あがって） ください。
6 たくさん 買い物したので、お金が （a なくしました　b なくなりました）。
7 来週から 新しい ドラマが （a 始める　b 始まる）。
8 よく 休んで、早く かぜを （a なおして　b なおって） ください。
9 この 木は 台風で （a おって　b おれて） しまいました。
10 大学に （a 入れたい　b 入りたい） 人は、入学試験を うけます。

れんしゅう2 いちばん いい ものを えらんで、正しい 形に して、書いて ください。

しめる　しまる　きえる　けす　出す　出る

1 さいふの 口を よく ①＿＿＿＿ないと、お金が ②＿＿＿＿て しまいます。
2 電気を ①＿＿＿＿ないで 家を ②＿＿＿＿て しまいました。

おとす　おちる　こわれる　こわす　なおす　なおる

3 じしんで たなの 上から 物が ①＿＿＿＿て、②＿＿＿＿ました。
4 子どもが この おもちゃを ①＿＿＿＿て しまいました。②＿＿＿＿て くれませんか。

つづける　つづく　始まる　始める　起きる　起こす

5 サッカーの れんしゅうが 朝 7時に ①＿＿＿＿から、けんは 早く ②＿＿＿＿て、運動場へ 行きます。
6 去年 ジョギングを ①＿＿＿＿て、今も ②＿＿＿＿て います。

9課 〜ています・〜てあります

1 「〜ています」の使い方

A ① 今、雨が ふって います。
　② じしんの とき、おふろに 入って いました。
　③ 毎年 外国旅行を して います。

> Miêu tả hành động diễn ra liên tiếp. Không chỉ là sự việc tại một thời điểm (①②) mà còn được sử dụng để miêu tả sự việc lặp đi lặp lại trong một thời gian dài (③).
> 動作が継続して進行していることを表す。一時的なこと（①②）だけでなく、長い期間繰り返していること（③）にも使う。

B ① まどが しまって います。
　② ジョンさんは めがねを かけて います。
　③ 姉は けっこんして いて、子どもが 二人 います。
　④ 父は 今 出かけて います。
　⑤ わたしは けん君は 知って いますが、妹さんは 知りません。

> Miêu tả trạng thái là kết quả của một sự việc, hành động hay sự biến đổi nào đó.
> ある出来事・動き・変化の結果が残っている状態を表す。

C ① まだ 昼ご飯を 食べて いません。
　② 仕事が 終わって いないので、帰れません。
　③ はなちゃんは まだ 小学校に 入って いません。

> Được sử dụng trong câu phủ định, diễn tả trạng thái một sự việc nào đó vẫn chưa được hoàn thành.
> 否定の文で使い、実現するべきことが未完了の状態であることを表す。

2 「〜てあります」の使い方

① あ、花が きれいに かざって ありますね。
② もう ホテルを よやくして あります。
③ へやは そうじして ありますか。
④ テストに 名前が 書いて ありませんでした。

> Miêu tả trạng thái là kết quả của hành động được thực hiện vì mục đích nào đó. Đi kèm với ngoại động từ.
> ある目的を持って何かをした結果の状態を表す。他動詞につく。

れんしゅう1　（　）の 中の 言葉を 正しい 形に して、書いて ください。
1　けんは 今、本を ＿＿＿＿＿＿ います。(読む)
2　兄は 中国へ ＿＿＿＿＿＿ います。(行く)
3　父は 高校で 英語を ＿＿＿＿＿＿ います。(教える)
4　まだ かぜの 薬を ＿＿＿＿＿＿ いません。(飲む)
5　友だちが 来るので、ケーキが ＿＿＿＿＿＿ あります。(買う)
6　カメラは かばんの 中に ＿＿＿＿＿＿ あります。(入れる)

れんしゅう2　いちばん いい ものを えらんで ください。
1　あれ、電気が（　）。だれか いるのでしょうか。
　　a つきますよ　　b つけて いますよ　　c ついて いますよ
2　今日は 空に たくさん ほしが（　）。
　　a 出て いるね　　b 出して あるね　　c 出して いるね
3　今日は けいたい電話を（　）ので、ジョンさんの 電話番号が わかりません。
　　a 持たない　　b 持って いない　　c 持たなかった
4　さあ、もう すぐ パーティーが（　）。へやに 入りましょう。
　　a 始まりますよ　　b 始まって いますよ　　c 始めて ありますよ
5　ジョンさんは もう 帰りましたか。あれ、かさを（　）。
　　a わすれますね　　b わすれて いますね　　c わすれて ありますね
6　コップは ぜんぶ（　）ので、もう きれいです。
　　a あらう　　b あらって いる　　c あらって ある
7　もう 10時なのに、トムさんは まだ（　）。
　　a 来て いません　　b 来て しまいません　　c 来ませんでした
8　A「この 花の 名前、知って いる？」
　　B「ううん、（　）。」
　　a 知らない　　b 知って いない　　c 知らなかった

10課 ～てきます・～ていきます

A ① 毎朝、うちの にわに 鳥が とんで きます。
 ② 兄が へやに 入って きました。
 ③ 鳥が 南の ほうへ とんで いきました。
 ④ 兄が へやを 出て いきました。

> ～てきます diễn tả việc di chuyển của người hoặc vật lại gần phía người nói (①②). ～ていきます diễn tả việc di chuyển của người hoặc vật rời xa phía người nói (③④). Đi cùng với động từ diễn tả sự chuyển động.
> 「～てきます」は、物や人が話者に近づく移動を表す(①②)。「～ていきます」は、物や人が話者から離れる移動を表す(③④)。移動を表す動詞につく。

B ① この ごみを すてて きて ください。
 ② 銀行で お金を はらって きました。
 ③ 会社に コーヒーを 買って いきます。
 ④ とちゅうで ゆうびんきょくに よって いきます。

> ～てきます diễn tả việc quay trở lại vị trí người nói sau khi đã đi đâu đó làm việc gì như ví dụ ①②. ～ていきます diễn tả việc di chuyển tới một vị trí khác so với người nói, sau khi đã làm việc gì như ví dụ ③④.
> 「～てきます」は、他の場所である行為をした後、今いる場所に戻ることを表す(①②)。「～ていきます」は、ある行為の後、今いる場所と違う場所に行くことを表す(③④)。

C ① さいきん 動物病院が ふえて きました。
 ② 子どもの ころから ピアノを 習って きました。
 ③ この 町は だんだん かわって いくでしょう。
 ④ これからも 日本語を 勉強して いきたいです

> ～てきます diễn tả sự biến đổi đã liên tục xảy ra từ quá khứ cho đến nay (①), hoặc một trạng thái được giữ liên tục từ quá khứ cho đến nay (②). ～ていきます diễn tả sự biến đổi sẽ liên tục xảy ra từ nay trở đi (③), hoặc một trạng thái sẽ được giữ liên tục từ nay trở đi (④).
> 「～てきます」は、今まで変化が続いたこと(①)・同じ状態が続いたこと(②)を表す。「～ていきます」は、これから変化が続くこと(③)・同じ状態が続くこと(④)を表す。

D ① おなかが いたく なって きました。
 ② あ、雨が ふって きたよ。

> Miêu tả sự bắt đầu của quá trình biến đổi. Đối với ý nghĩa này ta không sử dụng mẫu câu ～ていく.
> 変化の始まりを表す。この意味の場合、対応する「～ていく」の形はない。

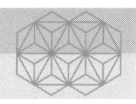

れんしゅう1 （　）の 中の 言葉を 正しい 形に して、書いて ください。

1　ねこが ＿＿＿＿＿＿ いきました。（にげる）
2　ちょっと 手を ＿＿＿＿＿＿ きます。（あらう）
3　このごろ 昼の 時間が 長く ＿＿＿＿＿＿ きました。（なる）
4　母に お金を 送る ために、毎日 まじめに ＿＿＿＿＿＿ きました。（働く）
5　この 手紙を ポストに ＿＿＿＿＿＿ いってね。（入れる）
6　前の 駅で 人が たくさん ＿＿＿＿＿＿ いった。（おりる）

れんしゅう2 いちばん いい ものを えらんで ください。

1　外で 音が したね。ちょっと （　）。
　　a 見に 来るよ　　　b 見て いくよ　　　c 見て くるよ
2　ここから 学校まで 毎朝 （　）。
　　a 走って きます　　b 走って いきます　　c 走ってから きます
3　さいきん、仕事が だんだん たいへんに （　）。
　　a なって きます　　b なって きました　　c なって いきました
4　3年前から ずっと この 店で 仕事を （　）。
　　a して きます　　　b して きました　　　c して いきました
5　この ドラマは これから おもしろく なって （　）。
　　a きたでしょう　　　b いったでしょう　　c いくでしょう
6　長い 時間 パソコンを 使って いたので、目が （　）。
　　a つかれて きました　b つかれて いきます　c つかれます
7　となりの 家に にぎやかな 家族が （　）。
　　a ひっこして きました　b ひっこして いきました　c ひっこしました
8　日曜日に 友だちが うちに （　）。
　　a あそんで きた　　　b あそんで いった　　c あそびに 来た

10課　〜てきます・〜ていきます　115

まとめ問題（1課～10課）

もんだい1 （　）に 何を 入れますか。1・2・3・4から いちばん いい もの を 一つ えらんで ください。

1 A「今、何が いちばん したいですか。」
　B「わたしが したいのは、ゆっくり おふろに （　）。」
　　1　入ります　　　2　入りたいです　　3　入るのです　　4　入る ことです

2 きのう 友だちに （　）、食事を しました。
　　1　会って　　　　2　会いながら　　　3　会ったまま　　4　会うと

3 わたしが 病気の とき、ジョンさんが くすりを （　）。
　　1　買って きて くれました　　　　　2　買って いって くれました
　　3　買って きて もらいました　　　　4　買って いって もらいました

4 サラ「どうしたの？ その さいふ。」
　トム「電車の 中に （　）んだ。駅の 人に 知らせよう。」
　　1　おちた　　　　2　おちて きた　　3　おちて いた　　4　おちて いった

5 トム「かぜは どう？ ねつは まだ ある？」
　サラ「ねつは もう （　）よ。のどは まだ いたいけど。」
　　1　下げて いる　　　　　　　　　　2　下げて ある
　　3　下がって いる　　　　　　　　　4　下がって ある

6 今日、あなたと 話が できて、（　）。
　　1　上手です　　　　　　　　　　　　2　よかったです
　　3　うちへ 帰りました　　　　　　　4　いいですか

もんだい2 ＿★＿に 入る ものは どれですか。1・2・3・4から いちばん いい ものを 一つ えらんで ください。

1 ほら、＿＿＿＿ ＿＿＿＿ ＿★＿ ＿＿＿＿ が 見えますよ。
　　1　の　　　　　2　走って いる　　3　電車が　　　　4　まどから

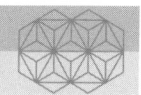

2 トムさんが ＿＿＿ ＿＿＿ ★ ＿＿＿ 前です。
　1　のは　　　　2　30分ぐらい　　3　ここに　　　4　来た

3 A「あれ、サラさんは？」
　B「さっき 水を ＿＿＿ ＿＿＿ ★ ＿＿＿ いきましたよ。」
　1　出て　　　　2　行く　　　　3　飲みに　　　4　と 言って

もんだい3　 1 から 4 に 何を 入れますか。文章の 意味を 考えて 1・2・3・4から いちばん いい ものを 一つ えらんで ください。

田中さんへ

　いっしょに あしたの 山本さんの さよならパーティーの じゅんびを しようと 言ったんですが、おなかが いたく なって きたので、田中さんが 来るまで 1 帰ります。
　料理は 店に たのんで ありますが、お金は まだ 2 。あした、料理を 持って きた ときに、はらいます。コップは 出して ありますが、フォークや ナイフを 3 わすれたので、テーブルの 上に ならべて おいて ください。それから、あした、山本さんに あげる カードを 4 ください。パーティーの 前に みんなで 書きましょう。
　じゃ、すみませんが、よろしく おねがいします。
　　　　　　　　　　　　　　　　　　　　　　　　　　　　　　トム

1 　1　待って　　　2　待ちながら　　3　待たなくて　　4　待たないで
2 　1　はらいました　　　　　　　2　はらって いました
　　3　はらって いません　　　　4　はらった ことが ありません
3 　1　用意するのが　　　　　　　2　用意するのを
　　3　用意するので　　　　　　　4　用意するのに
4 　1　買って きて　　　　　　　2　買って いって
　　3　買って いて　　　　　　　4　買いに 来て

11課 こ・そ・あ

1 「こ(これ・この・ここ・こう)」の使い方

① <u>これ</u>は だれの かばんですか。
② A「<u>この</u> 小さい カメラは 日本のですね。」
　 B「ええ。でも、<u>これ</u>は ちょっと 高いですね。」
③ <u>ここ</u>が いたいんです。
④ すしは <u>こう</u> して 作ります。

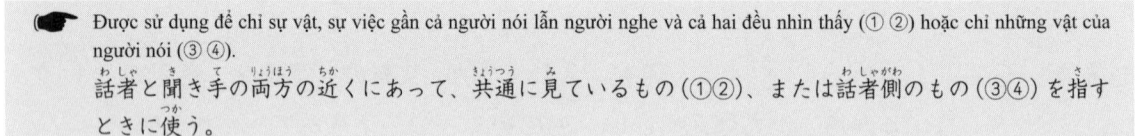

> ☞ Được sử dụng để chỉ sự vật, sự việc gần cả người nói lẫn người nghe và cả hai đều nhìn thấy (① ②) hoặc chỉ những vật của người nói (③ ④).
> 話者と聞き手の両方の近くにあって、共通に見ているもの(①②)、または話者側のもの(③④)を指すときに使う。

2 「そ(それ・その・そこ・そう)」の使い方

① サラさん、<u>その</u> ゆびわ、きれいですね。
② トイレは <u>そこ</u>です。
③ きのう 高校の 友だちと 会いました。<u>その</u> 人も 来週の パーティーに 来ます。
④ 「鳥よし」ですか。<u>その</u> 店は どこに ありますか。

> ☞ Được sử dụng để chỉ những vật, việc gần người nghe hơn người nói (①), hoặc nằm ở vị trí xa một chút so với cả người nói lẫn người nghe (②), hoặc những việc mà chỉ một bên người nói hoặc người nghe biết đến (③ ④).
> 話者よりも聞き手に近いもの(①)、話者と聞き手から少し離れたところにあるもの(②)、話者と聞き手のどちらかしか知らないことを指すときに使う(③④)。

3 「あ(あれ・あの・あそこ・ああ)」の使い方

① <u>あれ</u>が 有名な 東京スカイツリーです。
② ほら、<u>あの</u> 木の 上に 鳥が いますよ。
③ きのう 行った 店は よかったですね。また <u>あそこ</u>に 行きましょう。
④ A「林さん、今日から たばこを やめると 言って いましたよ。」
　 B「<u>あの</u> 人は いつも <u>ああ</u> 言います。」

> ☞ Được sử dụng để chỉ những vật, việc xa cả người nói lẫn người nghe và cả 2 cùng nhìn thấy (① ②), hoặc những việc mà cả người nói lẫn người nghe đều biết đến (③ ④).
> 話者と聞き手の両方から離れていて、共通に見ているもの(①②)、話者と聞き手の両方が知っていることを指すときに使う(③④)。

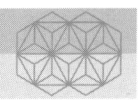

れんしゅう1 「こ・そ・あ」の 正しい 形を 書いて ください。

1 すみません。_____こ_____で たばこを すっても いいですか。
2 ①_____そ_____ 本は 持って 帰らないで、②_____こ_____で 読んで ください。
3 客「あの、①_____こ_____ シャツの Mサイズは ありますか。」
　店員「ああ、②_____そ_____なら ありますよ。ちょっと 待って ください。」
4 _____あ_____ めがねを かけて いる 人は だれですか。
5 バスの 客「①_____あ_____に 高い ビルが ありますね。②_____こ_____
　　　　　　バスは ③_____あ_____へんまで 行きますか。」
　運転手　「ええ、行きますよ。」

れんしゅう2 いちばん いい ものを えらんで ください。

1 先生「トムさん、（①　）時計、新しいですね。」
　トム「ええ、（②　）は 誕生日に 兄に もらったんです。」
　①a これ　　　　　b それ　　　　　c その
　②a これ　　　　　b この　　　　　c それ
2 【レストランで】
　A「（　）の カレーは おいしいですね。」
　B「そうですね。来週も 来ましょう。」
　a この 店　　　b その 店　　　c あの 店
3 A「先週、山田さんに 会いましたよ。」
　B「山田さん？（①　）は だれですか。」
　A「林さんの 友だちですよ。」
　B「ああ、（②　）ですか。おもしろい 人ですよね。」
　①a この 人　　　b その 人　　　c あの 人
　②a この 人　　　b その 人　　　c あの 人
4 うちの となりに 外国人が 住んで います。（　）も 日本語を 勉強して います。
　a あの 人　　　b その 人　　　c あそこの 人

12課 接続の言葉 Từ nối

1 ですから・だから
① これは 一つ 100円です。ですから、三つで 300円です。
② もう 夜 8時だ。だから、教室には だれも いないと 思う。
③ ここは 人が よく 通るんだ。だから、ここに 物を おかないで。

☛ Dùng để nêu hệ quả của sự việc được nhắc đến ở những câu phía trước (thực tế, phán đoán, yêu cầu).
前の文の帰結(事実・判断・働きかけ)を言う。

2 それで
① 小さい 字が 見えなく なりました。それで、新しい めがねを 買いました。
② 会社が 遠い。それで、毎朝 早く 家を 出る。

☛ Dùng để nêu hệ quả của sự việc được nhắc đến ở những câu phía trước (thực tế). 前の文の帰結(事実)を言う。

3 けれど(も)
① とても がんばりました。けれども、いい てんは とれませんでした。
② この カメラは いい。けれど、少し 重い。

☛ Dùng để nêu sự việc ngược lại hoặc đối lập với câu trước. 前の文と反すること、対立的なことを言う。

4 それに
① バナナは おいしいです。それに、安いです。
② 雨が ふって いるし、それに、風も ある。

☛ Dùng để thêm vào những sự việc giống như những từ hoặc câu ở phía trước.
前の言葉や文と同じようなことを付け加えて言う。

5 たとえば
① 日本の スポーツ、たとえば、じゅうどうを やって みたいです。
② 山田さんは いつも おそく 帰る。たとえば、きのうは 11時に 帰った。

☛ Dùng để ví dụ của những từ hoặc câu phía trước. 前の言葉や文の例を言う。

6 (それ)では・じゃ
① トム「ぼくは 兄が います。」 先生「じゃ、二人兄弟ですね。」
② じゅんびは できましたか。それでは、始めましょう。
③ えっ? サラは パーティーに 来ない? じゃ、ぼくも やめようかな。

☛ Sau khi tiếp nhận thông tin từ câu trước, người nói đưa ra suy luận hay ý muốn, ý định của mình hoặc kêu gọi, thúc giục đối phương hành động, v.v..
前の文の情報を受けて、話者の推論や意向、相手への働きかけなどを言う。

120 — 実力養成編 第2部 文法形式の整理

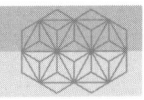

れんしゅう1 a か b か いい ほうを えらんで ください。
1 この 映画は おもしろい。(a だから　b けれども)、長すぎる。
2 にもつは きのう 送りました。(a ですから　b それでは)、今日 着くと 思います。
3 A「あ、さいふを わすれて しまいました。」
　 B「(a それで　b じゃ)、少し 貸しましょうか。」
4 頭が いたい。(a たとえば　b それに)、ねつも ある。
5 日本語を 使う 仕事を したいです。(a たとえば　b それに)、ほんやくの 仕事です。
6 わたしは 今日 車で 来ました。(a ですから　b それから)、おさけを 飲みません。
7 ここに お金を 入れる。(a だから　b それから)、ほしい 飲み物の ボタンを おす。
8 少し 太りました。(①a それに　b それで)、毎日 ジョギングして います。(②a それに　b それで)、食べ物にも 気を つけて います。
9 今の へやは 少し せまいです。(①a それに　b それで)、駅から 遠いです。(②a それに　b それで)、ひっこす ことに しました。

れんしゅう2 a か b か いい ほうを えらんで ください。
1 きのう おそく ねた。だから、(a ねむい　b ねむくない)。
2 この 本は わからない 言葉が 多いです。それに、(a やくに 立ちます　b 字が 小さいです)。
3 はじめて この 料理を 作りました。けれども、(a おいしく できたと 思います　b おいしく できませんでした)。
4 A「今度の 日曜日は いそがしいんです。」
　 B「では、(a 月曜日は どうですか　b 日曜日は 何を しますか)。」
5 この 町には 花が きれいな こうえんが 多い。たとえば、(a わたしは 大森こうえんへは 行った ことが ない　b 大森こうえんは さくらの こうえんだ)。

12課　接続の言葉 ─ 121

13課 副詞　Phó từ

1　まだ　もう

① トム「昼ご飯は　もう　食べた？」
　サラ「ううん、まだ　食べて　いない。」
② トム「銀行は　まだ　開いて　いますか。」
　山田「4時だから、もう　しまって　いますよ。」
③ これ、おいしい。もう　一つ　食べても　いい？
④ スープに　もう　少し　しおを　入れて　ください。

> もう diễn tả đã đạt đến một trạng thái nào đó, まだ diễn tả vẫn chưa đạt đến. Cũng có khi もう sử dụng cùng với tập hợp "1 + lượng từ đếm" hay "すこし", v.v., diễn tả việc thêm vào một lượng đó nữa (③④).
> 「もう」はある状態に達したこと、「まだ」は達していないことを表す。「もう」は「1＋助数詞」や「少し」などと一緒に用い、その量をさらに加えることを表すこともある（③④）。

2　なかなか　やっと　とうとう

① バスが　なかなか　来ません。
② やっと　仕事が　終わりました。
③ テレビが　とうとう　こわれて　しまった。

> Mẫu câu なかなか～ない diễn tả việc thực hiện khó khăn. Mẫu câu やっと～た lại diễn tả những sự việc khó khăn hoặc tốn thời gian đã được thực hiện. Mẫu câu とうとう～た／～なかった diễn tả sự việc sau một thời gian dài cuối cùng đã xảy ra hoặc không xảy ra.
> 「なかなか～ない」は、実現が難しいことを表す。「やっと～た」は、難しいことや時間がかかることが実現したことを表す。「とうとう～た／～なかった」は長い時間の後、最終的に起こった／起こらなかったことを表す。

3　かならず　きっと　ぜひ

① わたしは　ご飯の　後で、かならず　はを　みがいて　いる。
② あしたの　試合は　かならず　かつぞ！
③ 今度の　テストでは　きっと　いい　てんが　とれるでしょう。
④ トム「ぜひ　わたしの　国へ　あそびに　来て　ください。」
　山田「ええ、ぜひ　行きたいです。」

> かならず diễn tả những việc không có ngoại lệ, những dự đoán sát với thực tế, ý chí mạnh mẽ hay những kêu gọi, thúc giục đối phương hành động. きっと diễn tả sự đoán định có tính chắc chắn ít hơn かならず và cũng diễn tả ý chí yếu hơn một chút hoặc những kêu gọi, thúc giục đối phương hành động. ぜひ diễn tả hy vọng hoặc yêu cầu một cách mạnh mẽ.
> 「かならず」は例外がないこと、確信に近い推量、強い意志や相手への働きかけを表す。「きっと」は「かならず」より少し確実性の弱い推量、少し弱い意志や相手への働きかけを表す。「ぜひ」は強い希望や要望を表す。

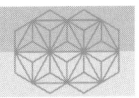

れんしゅう1 aか bか いい ほうを えらんで ください。
1 午後 4時ですが、（a もう　b まだ）暗く なりました。
2 はなちゃんは （①a もう　b まだ）3さいですが、（②a もう　b まだ）かんたんな 漢字が わかります。
3 来週の よていは （a もう　b まだ）きまって いません。
4 この 映画は （a もう　b まだ）1回 見たい。
5 かぎを 1時間も さがして、（a やっと　b なかなか）見つけました。
6 れんしゅうしても、（a やっと　b なかなか）上手に ならない。
7 夏休みは （a やっと　b とうとう）旅行には 行けませんでした。
8 生きる ためには、（a きっと　b かならず）水が いります。
9 サラさんは この ぼうしが （a きっと　b ぜひ）好きだと 思います。
10 あ、旅行の 写真ですか。（a ぜひ　b きっと）見たいです。見せて ください。

れんしゅう2 aか bか いい ほうを えらんで ください。
1 山田さんは もう （a 帰りました　b 帰って いません）。
2 きのう 買った 本は まだ （a 読みました　b 読んで いません）。
3 わたしは まだ （a 家に います　b 家を 出ました）。
4 今日は もう （a たくさん　b 一人）友だちが 来ます。
5 1年 かかって、セーターが やっと （a できました　b できません）。
6 地図を 見たけど、店の 場所が なかなか （a わかった　b わからなかった）。
7 車を とうとう （a 買いたいです　b 買いました）。
8 この 本は きっと （a おもしろいと 思います　b おもしろかったです）。
9 あとで かならず （a 電話しますよ　b 電話するかも しれませんよ）。
10 わたしの 国の 料理です。ぜひ （a 食べませんか　b 食べて ください）。

14課 〜すぎます・〜にくいです・〜やすいです

1 〜すぎます

① おいしかったので、食べすぎました。
② パソコンを 使いすぎて、目が いたいです。
③ へやが 寒すぎます。エアコンを つけても いいですか。
④ わたしは しずかすぎる 所では 勉強できません。

動ます・イ形い・ナ形な ＋すぎます　　例外：いいです→よすぎます
(Ngoại lệ)

Diễn tả hành động ~ hoặc việc ~ gì đó vượt quá ngưỡng thích hợp. Thường được sử dụng với ý tiêu cực.
適切な程度を超えて〜であること・〜することを表す。ふつうマイナスの意味に使う。

2 〜にくいです

① 説明が ふくざつで、わかりにくいです。
② 地図が 見にくくて、こまりました。
③ くもりの 日は せんたく物が かわきにくい。
④ もっと 切れにくい いとは ありませんか。

動ます ＋にくいです

Diễn tả việc không đơn giản để có thể làm ~ (①②); hoặc việc mãi mà không làm ~ (③④). Dùng được cả với ý tiêu cực (①②③) và ý tích cực (④).
簡単には〜できないこと(①②)、なかなか〜しないこと(③④)を表す。マイナスの意味(①②③)にもプラスの意味(④)にも使える。

3 〜やすいです

① この じしょは 字が 大きくて、読みやすいです。
② 山に のぼる ときは、歩きやすい くつを はいて ください。
③ ガラスの コップは われやすい。
④ 冬は かぜを ひきやすい きせつです。

動ます ＋やすいです

Diễn tả việc có thể dễ dàng làm ~ (①②) hoặc việc ~ có thể bị ngay (③④). Dùng được cả với ý tích cực (①②) và ý tiêu cực (③④).
簡単に〜できること(①②)、すぐ〜してしまうこと(③④)を表す。プラスの意味(①②)にもマイナスの意味(③④)にも使える。

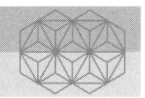

れんしゅう1 （　）の　中の　言葉を　正しい　形に　して、書いて　ください。

1　カードで　買い物を　＿＿＿＿＿すぎると、後で　こまりますよ。（する）
2　コーヒーを　＿＿＿＿＿すぎて　しまって、ねむれません。（飲む）
3　この　ケーキは　＿＿＿＿＿すぎます。（あまい）
4　話が　＿＿＿＿＿すぎて、よく　わかりませんでした。（むずかしい）
5　あの　人は　＿＿＿＿＿すぎるので、おもしろくない。（まじめ）
6　この　はこは　大きくて、＿＿＿＿＿にくいです。（運ぶ）
7　大きい　ハンバーガーは　＿＿＿＿＿にくいです。（食べる）
8　＿＿＿＿＿やすい　ペンは　どれですか。（書く）
9　よく　使う　本は　＿＿＿＿＿やすい　所に　おこう。（とる）
10　この　漢字は　＿＿＿＿＿やすいので、注意して　ください。（まちがえる）

れんしゅう2　aか　bか　いい　ほうを　えらんで　ください。

1　サラさんは　えが　(a 上手すぎて　　b 上手で)、いいですね。
2　スープに　しおを　入れすぎて、(a おいしく　なりました　
　　b おいしくなく　なりました)。
3　この　町は、こうつうが　べんりで、(a 住みやすいです　　b 住みにくいです)。
4　この　へやは　かべが　あついので、外の　音が　(a 聞こえやすいです　
　　b 聞こえにくいです)。
5　この　いすは　高すぎて、(a すわりやすいです　　b すわりにくいです)。
6　わたしの　じしょは　(a 使いやすいので　　b 使いにくいので)、新しいのが　
　　ほしいです。
7　きのう　雨が　ふったから、山道は　(a すべりやすいよ　　b すべりにくいよ)。
8　これは　(a こわれやすくて　　b こわれにくくて)、いい　おもちゃですね。
9　カラオケで　(a 歌いやすくて　　b 歌いすぎて)、のどが　いたくなりました。

15課 品詞 Từ loại

1 名詞 (Danh từ) ⇔ 動詞 (Động từ)

①料理は 好きですが、そうじは 好きでは ありません。[⇔ 料理します、そうじします]
②帰りの きっぷは もう 買いました。[⇔ 帰ります]
③山のぼりは 楽しいですよ。[⇔ 山に のぼります]

☞ Danh từ ~~する~~ được dùng như danh từ. Động từ ~~ます~~ cũng được dùng như danh từ tuy nhiên theo thói quen một số động từ nhất định trong trường hợp có kèm theo trợ từ (を / で / に / v.v.) thì có thể bỏ trợ từ như trong ví dụ ③ (やまにのぼります→やまのぼり).

「名~~する~~」は名詞として扱う。「動~~ます~~」も名詞として扱うが、習慣的に限られた動詞だけで、助詞（を・で・になど）が入る場合は、③のように助詞を取った形になる（山にのぼります→山のぼり）。

2 名詞 (Danh từ) ⇔ 形容詞 (Tính từ)

①東京スカイツリーの 高さは 634メートルです。[⇔ 高い]
②場所の べんりさを 考えて、ホテルを えらびます。[⇔ べんりな]

☞ Tính từ đuôi イ ~~い~~ +さ (trường hợp ngoại lệ: いい→よさ) (①), Tính từ đuôi ナ ~~な~~ +さ (②) được dùng như danh từ.
「イ形 ~~い~~ +さ（例外：いい→よさ）」(①)、「ナ形 ~~な~~ +さ」(②) は名詞として扱う。

3 副詞 (Phó từ) ⇔ 形容詞 (Tính từ)

①みんなで 楽しく 話しましょう。[⇔ 楽しい]
②手を きれいに あらって ください。[⇔ きれいな]

☞ Tính từ đuôi イ ~~い~~ +く (trường hợp ngoại lệ: いい→よく) (①), Tính từ đuôi ナ ~~な~~ +に (②) được dùng như phó từ.
「イ形 ~~い~~ +く（例外：いい→よく）」(①)、「ナ形 ~~な~~ +に」(②) は副詞として扱う。

4 名詞 (Danh từ) ⇔ 文 (Câu)

①友だちと 話すの／ことは 楽しいです。[⇔ 友だちと 話す]
②トムさんと 会う やくそくを したの／ことを わすれて いました。
　　　　　　　　　　　　　　　　　　　　　　　　[⇔ 会う やくそくを した]

☞ Dạng thường + の / こと được sử dụng như danh từ.
「ふつう形 +の・こと」は名詞として扱う。

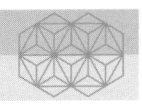

れんしゅう1 （　）の 中の 言葉を 正しい 形に して、書いて ください。

1　この 店は 日曜日は ＿＿＿＿＿＿です。（休む）
2　わたしの しゅみは ＿＿＿＿＿＿です。（魚を つる）
3　パーティーの 後の ＿＿＿＿＿＿は ぼくたちが するよ。（かたづける）
4　サービスの ＿＿＿＿＿＿では Kホテルが いちばんです。（いい）
5　にもつの①＿＿＿＿＿＿と ②＿＿＿＿＿＿を 教えて ください。（大きい、重い）
6　家族の ＿＿＿＿＿＿が よく わかりました。（大切）
7　毎日 遠くから ＿＿＿＿＿＿のは たいへんだね。（通う）
8　母が きのう 日本に ＿＿＿＿＿＿ことを 先生に 話した。（来る）
9　みなさんの 意見を ＿＿＿＿＿＿言って ください。（じゆう）
10　ピーターさんは 日本に ＿＿＿＿＿＿住んで います。（長い）

れんしゅう2 いちばん いい ものを えらんで ください。

1　外は （　）から、早く 中に 入って。
　　a 寒さ　　　　　b 寒い　　　　　c 寒い こと
2　くだものの ねだんが （　）に おどろきました。
　　a 高い　　　　　b 高さ　　　　　c 高い こと
3　東京の 地下鉄の （　）は 有名です。
　　a ふくざつさ　　b ふくざつ　　　c ふくざつの
4　この 店は 店員が とても （　）、気持ちが いいです。
　　a 親切な　　　　b 親切に　　　　c 親切で
5　ヨーロッパの 家では、日本の 家ほど 電気を （　）つけません。
　　a 明るい　　　　b 明るくて　　　c 明るく
6　わたしの 国と 日本とでは、いろいろな 文化の （　）が あります。
　　a ちがう　　　　b ちがい　　　　c ちがい こと
7　（　）、たくさん 食べて ください。
　　a おいしかったら　b おいしさだったら　c おいしい ことだったら

15課　品詞 — 127

まとめ問題（1課〜15課）

もんだい1 （　）に 何を 入れますか。1・2・3・4から いちばん いい ものを 一つ えらんで ください。

[1] A「少し 先で、オートバイの じこが あったらしいですよ」
B「（　）、道が こんで いるんですね。」
1　それで　　　　2　それから　　　　3　それに　　　　4　それには

[2] 富士山に 行って、人が （　） に まず びっくりしました。
1　多さ　　　　2　多い こと　　　　3　多い　　　　4　多く

[3] 友だちに あげる カードは、（　） 字で 書きます。
1　ていねい　　　　2　ていねいに　　　　3　ていねいな　　　　4　ていねいの

[4] A「あれ？　かぜですか。」
B「ええ。きのう まどを （　） ねて しまって……。」
1　しめないと　　　　2　しめないので　　　　3　しめないで　　　　4　しめなくて

[5] A「この おさけ、どうですか。おいしいですよ。」
B「ええ、ぜひ （　）。」
1　飲んで みました　　　　2　飲んで みたいです
3　飲んで いました　　　　4　飲んで います

[6] その 問題だけは （　） さいごまで 答えが わからなかった。
1　まだ　　　　2　もう　　　　3　やっと　　　　4　とうとう

もんだい2 ＿★＿に 入る ものは どれですか。1・2・3・4から いちばん いい ものを 一つ えらんで ください。

[1] たのんだ ＿＿＿ ＿＿＿ ＿★＿ ＿＿＿ 言いました。
1　来なかったので　　2　なかなか　　3　料理が　　4　店員に

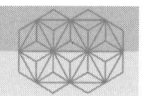

2 少し かんたんに ＿＿ ＿＿ ★ ＿＿ 地図より 見やすい。
　1 地図の　　　2 くわしすぎる　　　3 ほうが　　　4 した

3 A「ぼうし、どこで なくしたんですか。」
　B「先週の 旅行で ＿＿ ＿＿ ★ ＿＿ きたみたいなんです。」
　1 帰りの　　　2 わすれて　　　3 中に　　　4 電車の

もんだい3 ［1］から［4］に 何を 入れますか。文章の 意味を 考えて 1・2・3・4から いちばん いい ものを 一つ えらんで ください。

本の しょうらい

トム・ブラウン

　教室では みんな 電子じしょを 使って いて、紙の じしょを 使って いる 人は 少ないです。ほかの 本も 同じです。さいきん スマートフォンや タブレットで 読める 「デジタルブック」が たくさん ［1］ ように なりました。デジタルブックは どこにでも 持って いきやすいので、べんりです。［2］、紙の 本にも よさが あると 思います。本を 作る 人は、どんな ［3］、どんな 紙で、どんな 字の 本を 作るか 考えて 作って いるでしょう。わたしの 友だちで 本が 大好きな 人が います。［4］ 人は しょうらい、紙の 本は なくなって しまうかも しれないと 言って、しんぱいして います。でも、ページを 開いて、紙に 書かれた 字を 読む ことが 楽しいと 思う 人は まだ いなく ならないと わたしは 思います。

---

［1］ 1 売る　　　2 売られる　　　3 売らせる　　　4 売らせて いる
［2］ 1 けれども　　2 それで　　　3 それに　　　4 たとえば
［3］ 1 大きくて　　2 大きくして　　3 大きさで　　　4 大きくても
［4］ 1 あれの　　　2 それの　　　3 あの　　　　4 その

模擬試験
も ぎ し けん

Đề thi mẫu

模擬試験

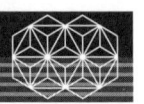

もんだい1 （　）に 何を 入れますか。1・2・3・4から いちばん いい もの を 一つ えらんで ください。

1　この 花は あの まるい テーブルの 上（　）かざりましょう。
　　1　で　　　　2　に　　　　3　を　　　　4　が

2　旅行会社の 人「あしたは 10時に この ホテル（　）出発して、一日中 町を 見物します。」
　　1　を　　　　2　で　　　　3　へ　　　　4　に

3　これは（　）あげられません。大切な 人から もらった 物なんです。
　　1　一人も　　2　一人でも　　3　だれにも　　4　だれでも

4　わあ、（　）セーターですね。色も いいし……。
　　1　あたたかいらしい　　　　2　あたたかそうな
　　3　あたたかいみたいな　　　4　あたたかい はずの

5　A「この 写真の 人を 知って いますか。」
　　B「うーん、どこかで 1、2度（　）あるんですが、思い出せません。」
　　1　会うのが　　　　　　2　会う ことが
　　3　会ったのが　　　　　4　会った ことが

6　おいしそうな ケーキが ありますね……。じゃ、ダイエットは あしたからに （　）と 思います。
　　1　する　　　2　しよう　　3　して いる　　4　して

7　A「あれ、めがねは どこに おいたんだろう。」
　　B「めがねなら、ここに おいて（　）。」
　　1　ありますよ　　　　　2　きますよ
　　3　おきますよ　　　　　4　いきますよ

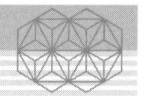

8 A「600字いないで 作文を 書いて ください。」
　B「ああ、よかった。（　）んですね。」
　1　800字でなくても いい　　　　2　800字でなければ いけない
　3　800字でも いい　　　　　　　4　800字では いけない

9 A「来週、田中(たなか)さんの けっこんしきに 行くんです。」
　B「けっこんしきに（　）、白い 服を 着て いかないほうが いいですよ。」
　1　行くと　　　2　行ったら　　　3　行くなら　　　4　行けば

10 A「今度の パーティーには ぜんぶで 何人 来ますか。」
　B「何人に（　） まだ わからないんですが、20人ぐらいだと 思います。」
　1　なって　　　2　なるのが　　　3　なったら　　　4　なるか

11 さいきん、となりの 家から ピアノの 音が（　） なりました。
　1　聞くように　　　　　　　　　2　聞こえるように
　3　聞く ことに　　　　　　　　4　聞こえる ことに

12 A「たくさん にもつが ありますね。一つ（　）。」
　B「すみません。おねがいします。」
　1　持って ください　　　　　　2　持ちますか
　3　持ちませんか　　　　　　　　4　持ちましょうか

13 今日は（　） 電車が こんで いますね。何か あったんでしょうか。
　1　いつもより　　　　　　　　　2　いつもほど
　3　いつもなら　　　　　　　　　4　いつもだけ

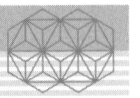

14 A「あ、めずらしい　魚ね。自分で　料理するの？　だいじょうぶ？」
　　B「だいじょうぶ。店員さんに　料理の　し方を　よく（　　）買ったから。」
　　1　聞いて　あげて　　　　　　　　2　聞いて　くれて
　　3　聞かれてから　　　　　　　　　4　聞いてから

15 そんなに（　　）考えないで、まず　やって　みて　ください。
　　1　むずかしいに　　　　　　　　　2　むずかしさ
　　3　むずかしく　　　　　　　　　　4　むずかしくて

もんだい2　＿＿★＿＿に　入る　ものは　どれですか。1・2・3・4から　いちばん
　　　　　いい　ものを　一つ　えらんで　ください。

16 A「おいしかったね、あの　店。また　行こうね。」
　　B「あ！　店に　けいたい電話を　おいて　＿＿＿　＿＿＿　★　＿＿＿　と。」
　　1　しまったから　　2　もどらない　　　3　きて　　　　4　とりに

17 A「あれ？　この　本は　何ですか。かたづけても　いいですか。」
　　B「いえ、＿＿＿　＿＿＿　★　＿＿＿　あるんです。」
　　1　わすれない　　　2　出して　　　　　3　ように　　　4　あした

18 これは　この　しまで　＿＿＿　＿＿＿　★　＿＿＿　そうですよ。
　　1　めずらしい　　　2　見られない　　　3　鳥だ　　　　4　しか

19 なかなか　出かける　＿＿＿　＿＿＿　★　＿＿＿　しまいました。
　　1　できなくて　　　2　おそく　　　　　3　なって　　　4　じゅんびが

20 わたしたちが　会った　＿＿＿　＿＿＿　★　＿＿＿　すぐに　友だちに
　　なりました。
　　1　はじめてだった　2　その　ときが　　3　のに　　　　4　のは

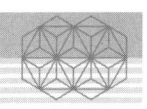

もんだい3 21 から 25 に 何を 入れますか。文章の 意味を 考えて 1・2・3・4から いちばん いい ものを 一つ えらんで ください。

こけし

サラ・スミス

　先月 ある 町に 旅行に 行った とき、「こけし」 21 おみやげを 買いました。こけしは 木の 人形で、大きさは いろいろ ありましたが、わたしが 22 、せの 高さが 25センチぐらいの 物です。手も 足も 首も ない まっすぐな 体の 上に 小さい ボールの ような 頭が 23 。それだけの 形の 人形ですが、とても やさしい 顔を して います。細い 目と 小さい 口が 特に いいです。体には 赤い 花が かいて あります。どの こけしも みんな 赤い 色が 使われて いました。わたしは 店の 人に「 24 ですか。」と 聞いて みました。店の 人の 話では、赤は 病気を 体に 入れない 色なのだそうです。

　この 町は 特に こけしの おみやげが 有名で、むかしから よく 売られて いたようです。でも、 25 、こけしは ここだけではなく、日本中の いろいろな 所で 買う ことが できます。

21　1　と いう　　　　　　　　2　と いった
　　3　と いって いた　　　　　4　と いわれた
22　1　買うのは　　　　　　　　2　買って いたのは
　　3　買って いるのは　　　　　4　買ったのは
23　1　つきました　　　　　　　2　ついて います
　　3　ついて きました　　　　　4　ついて いきます
24　1　どう　　　　2　どうして　　3　どんな こと　4　どうやって
25　1　今も　　　　2　今でも　　　3　今では　　　　4　今から

索引

あ
あ	118
あげます	84

う
受身の形　Dạng bị động	24
～うと思います	72
う・よう形	22

か
～か…	70
が	102
～がっています	48
～ができます	38
～かどうか…	70
かならず	122
可能の形　Dạng khả năng	18
～がほしいです	46
～かもしれません	58
～から…	50
～からです	50
～がります	48

き
聞こえます	38
きっと	122

く
～くします	76
～くて…	50
～くなります	76
くれます	84

け
けれど(も)	120

こ
こ	118
こと	106
～ことがあります	40
～ことができます	38
～ことにします	80
～ことになります	80

さ
～(さ)せます	88
～さ(せら)れます	88

し
～し、…	56
使役受身の形　Dạng bị động sai khiến	28
使役の形　Dạng sai khiến	26
しか	98
自動詞　Nội động từ	110
じゃ	120

す
～すぎます	124

せ
接続の言葉　Từ nối	120
ぜひ	122
～せます	88

そ
そ	118
～そうです	48
～そうです	74
(それ)じゃ	120
それで	120
(それ)では	120
それに	120

た
～たいです	46
だから	120
だけ	100
た形	14
～たことがあります	40
他動詞　Ngoại động từ	110
たとえば	120
～ため(に)	52
～たら…	62
～たら…	64
～たり～たりします	56

つ

～つもりです	72

て

～て…	50
～て…	108
で	94
～で…	50
～てあげます	84
～てあります	112
～ていきます	114
ていねい形　Dạng lịch sự	16
～ています	112
～ておきます	82
～てきます	114
～てくれます	84
て形	14
～てしまいます	82
ですから	120
では	120
～てはいけません	44
～てみます	82
～ても…	68
でも	100
～てもいいです	44
～てもらいます	84

と

と	96
～と…	62
～と…	70
～といいです	46
～と言っていました	74
動詞のグループ　Nhóm động từ	12
とうとう	122
～ところです	34
～と～とどちら	32

な

～ないで…	108
～ないと	60
なかなか	122
～ながら…	34
～なくてもいいです	44
～なければなりません	44
～なさい	60
～なら…	62
～なら…	64
「～なら」の形	20

に

に	94
～に…	52
～にくいです	124
～にします	76
～にします	80
～になります	76
～になります	80

の

の	106
～ので…	50
～のに…	68

は

は	102
～ば…	62
～はずです	58
「～ば」の形	20

ひ

品詞　Từ loại	126

ふ

副詞　Phó từ	122
ふつう形　Dạng thường	16

ほ

～ほうがいいです	60
～ほど…ません	32

ま

～ましょう（か）	36
～ませんか	36

まだ	122
～まで…	34
～までに…	34
～まま…	48

み

見えます	38
～みたいです	58

も

も	98
もう	122
(～も)～し、(～も)…	56
もらいます	84

や

～やすいです	124
やっと	122

よ

よう形	22
～ようです	58
～ようと思います	72
～ように…	52
～ようになります	76
～より…	32
～より～のほう	32

ら

～らしいです	74
～(ら)れます(受身 Bị động)	86
～(られ)ます(可能 Khả năng)	38

を

を	96

著者
友松悦子
　　　地域日本語教室　主宰
福島佐知
　　　拓殖大学別科日本語教育課程、亜細亜大学全学共通科目担当、
　　　東京外国語大学　非常勤講師
中村かおり
　　　拓殖大学外国語学部　教授

翻訳
TRỊNH THỊ PHƯƠNG THẢO（チン・ティ・フオン・タオ）
　　　ハノイ国家大学・外国大学・東洋言語文化学部　教師

ベトナム語校正
LÊ LỆ THỦY（レー・レ・トゥイ）

イラスト
山本和香

装丁・本文デザイン
糟谷一穂

新完全マスター文法　日本語能力試験N4
ベトナム語版

2015年11月13日　初版第1刷発行
2024年 9 月10日　第 5 刷 発 行

著　者　友松悦子　福島佐知　中村かおり
発行者　藤嵜政子
発　行　株式会社スリーエーネットワーク
　　　　〒102-0083　東京都千代田区麹町3丁目4番
　　　　　　　　　トラスティ麹町ビル2F
　　　　電話　営業　03（5275）2722
　　　　　　　編集　03（5275）2725
　　　　https://www.3anet.co.jp/
印　刷　萩原印刷株式会社

ISBN978-4-88319-725-5　C0081
落丁・乱丁本はお取替えいたします。
本書の全部または一部を無断で複写複製（コピー）することは著作権法上での例外を除き、禁じられています。

■ 新完全マスターシリーズ

● 新完全マスター漢字
日本語能力試験 N1
　　1,320円（税込）（ISBN978-4-88319-546-6)
日本語能力試験 N2 (CD付)
　　1,540円（税込）（ISBN978-4-88319-547-3)
日本語能力試験 N3
　　1,320円（税込）（ISBN978-4-88319-688-3)
日本語能力試験 N3 ベトナム語版
　　1,320円（税込）（ISBN978-4-88319-711-8)
日本語能力試験 N4
　　1,320円（税込）（ISBN978-4-88319-780-4)

● 新完全マスター語彙
日本語能力試験 N1
　　1,320円（税込）（ISBN978-4-88319-573-2)
日本語能力試験 N2
　　1,320円（税込）（ISBN978-4-88319-574-9)
日本語能力試験 N3
　　1,320円（税込）（ISBN978-4-88319-743-9)
日本語能力試験 N3 ベトナム語版
　　1,320円（税込）（ISBN978-4-88319-765-1)
日本語能力試験 N4
　　1,320円（税込）（ISBN978-4-88319-848-1)

● 新完全マスター読解
日本語能力試験 N1
　　1,540円（税込）（ISBN978-4-88319-571-8)
日本語能力試験 N2
　　1,540円（税込）（ISBN978-4-88319-572-5)
日本語能力試験 N3
　　1,540円（税込）（ISBN978-4-88319-671-5)
日本語能力試験 N3 ベトナム語版
　　1,540円（税込）（ISBN978-4-88319-722-4)
日本語能力試験 N4
　　1,320円（税込）（ISBN978-4-88319-764-4)

● 新完全マスター単語
日本語能力試験 N1 重要2200語
　　1,760円（税込）（ISBN978-4-88319-805-4)
日本語能力試験 N2 重要2200語
　　1,760円（税込）（ISBN978-4-88319-762-0)

改訂版　日本語能力試験 N3 重要1800語
　　1,760円（税込）（ISBN978-4-88319-887-0)
日本語能力試験 N4 重要1000語
　　1,760円（税込）（ISBN978-4-88319-905-1)

● 新完全マスター文法
日本語能力試験 N1
　　1,320円（税込）（ISBN978-4-88319-564-0)
日本語能力試験 N2
　　1,320円（税込）（ISBN978-4-88319-565-7)
日本語能力試験 N3
　　1,320円（税込）（ISBN978-4-88319-610-4)
日本語能力試験 N3 ベトナム語版
　　1,320円（税込）（ISBN978-4-88319-717-0)
日本語能力試験 N4
　　1,320円（税込）（ISBN978-4-88319-694-4)
日本語能力試験 N4 ベトナム語版
　　1,320円（税込）（ISBN978-4-88319-725-5)

● 新完全マスター聴解
日本語能力試験 N1 (CD付)
　　1,760円（税込）（ISBN978-4-88319-566-4)
日本語能力試験 N2 (CD付)
　　1,760円（税込）（ISBN978-4-88319-567-1)
日本語能力試験 N3 (CD付)
　　1,650円（税込）（ISBN978-4-88319-609-8)
日本語能力試験 N3 ベトナム語版 (CD付)
　　1,650円（税込）（ISBN978-4-88319-710-1)
日本語能力試験 N4 (CD付)
　　1,650円（税込）（ISBN978-4-88319-763-7)

■ 読解攻略！
日本語能力試験 N1 レベル
　　1,540円（税込）（ISBN978-4-88319-706-4)

■ 日本語能力試験模擬テスト
CD付　各冊990円（税込）
改訂版はWEBから音声

● 日本語能力試験 N1 模擬テスト
〈1〉(ISBN978-4-88319-556-5)
〈2〉(ISBN978-4-88319-575-6)
〈3〉(ISBN978-4-88319-631-9)
〈4〉(ISBN978-4-88319-652-4)

● 日本語能力試験 N2 模擬テスト
〈1〉(ISBN978-4-88319-557-2)
〈2〉改訂版
　　(ISBN978-4-88319-950-1)
〈3〉(ISBN978-4-88319-632-6)
〈4〉(ISBN978-4-88319-653-1)

● 日本語能力試験 N3 模擬テスト
〈1〉(ISBN978-4-88319-841-2)
〈2〉(ISBN978-4-88319-843-6)

● 日本語能力試験 N4 模擬テスト
〈1〉(ISBN978-4-88319-885-6)
〈2〉(ISBN978-4-88319-886-3)

スリーエーネットワーク

ウェブサイトで新刊や日本語セミナーをご案内しております。
https://www.3anet.co.jp/

新完全マスター 文法 N4

日本語能力試験 ベトナム語版

別冊(べっさつ)

解答(かいとう)

スリーエーネットワーク

■ 解答

形の練習

1. 動詞のグループ　　　　　　　　　　　　　　　　　　　　　P13

1 Ⅰ	2 Ⅲ	3 Ⅰ	4 Ⅱ
5 Ⅱ	6 Ⅰ	7 Ⅰ	8 Ⅲ
9 Ⅰ	10 Ⅱ	11 Ⅱ	12 Ⅰ
13 Ⅰ	14 Ⅰ	15 Ⅰ	16 Ⅰ
17 Ⅱ	18 Ⅱ	19 Ⅱ	20 Ⅰ

2. て形・た形　　　　　　　　　　　　　　　　　　　　　　　P15

1.
1 飲んで　　2 考えて
3 貸して　　4 電話して
5 来て　　　6 ふいて
7 帰って　　8 借りて
9 買って　　10 走って
11 わかって　12 見えて
13 かって　　14 よんで
15 さわいで　16 着て

2.
1 開けて　　2 使って
3 見せて　　4 住んで
5 ふって

3.
1 休んだ　　2 歩いた
3 あそんだ　4 おした
5 なった　　6 およいだ
7 あった　　8 もらった
9 おくれた　10 待った
11 とった　　12 持って きた

3．ていねい形とふつう形

書きます	書く	書かない	書いた	書かなかった
行きます	行く	行かない	行った	行かなかった
およぎます	およぐ	およがない	およいだ	およがなかった
話します	話す	話さない	話した	話さなかった
死にます	死ぬ	死なない	死んだ	死ななかった
ならびます	ならぶ	ならばない	ならんだ	ならばなかった
読みます	読む	読まない	読んだ	読まなかった
会います	会う	会わない	会った	会わなかった
持ちます	持つ	持たない	持った	持たなかった
帰ります	帰る	帰らない	帰った	帰らなかった
見ます	見る	見ない	見た	見なかった
できます	できる	できない	できた	できなかった
ねます	ねる	ねない	ねた	ねなかった
食べます	食べる	食べない	食べた	食べなかった
します	する	しない	した	しなかった
来ます	来る	来ない	来た	来なかった
大きいです	大きい	大きくない	大きかった	大きくなかった
いいです	いい	よくない	よかった	よくなかった
ほしいです	ほしい	ほしくない	ほしかった	ほしくなかった
きれいです	きれいだ	きれいではない	きれいだった	きれいではなかった
好きです	好きだ	好きではない	好きだった	好きではなかった
病気です	病気だ	病気ではない	病気だった	病気ではなかった
休みです	休みだ	休みではない	休みだった	休みではなかった

4. 可能の形　　　　　　　　　　　　　　　　　　　　　　　　　　　　　P19

1.
1 住める　　　　2 入れられる　　　　3 かえせる
4 ひける　　　　5 れんしゅうできる　　6 のぼれる
7 持って こられる　8 歌える　　　　9 おぼえられる
10 走れる　　　11 生きられる　　　12 持てる
13 あそべる　　14 着られる　　　　15 きめられる

2.
1 借りられ　　　2 飲め　　　　　　3 働け
4 運転でき　　　5 使え

5. 「～ば・～なら」の形　　　　　　　　　　　　　　　　　　　　　P21

1.
1 会えば　　　　　　　2 つければ
3 けせば　　　　　　　4 たのめば
5 できれば　　　　　　6 来れば
7 行けば　　　　　　　8 間に合えば
9 飲まなければ　　　　10 聞かなければ
11 わからなければ　　　12 安ければ
13 むずかしければ　　　14 きれいなら
15 遠くなければ　　　　16 ひまなら
17 かんたんなら　　　　18 重い 病気なら
19 いそがしくなければ　20 休みでなければ

2.
1 飲まなければ　　　　2 安くなければ
3 いい てんなら　　　　4 聞けば
5 しずかなら

6. う・よう形　　　　　　　　　　　　　　　　　　　　　　　　　　P23

1.
1 来よう　　　2 やめよう　　　3 さんぽしよう
4 おこう　　　5 あびよう　　　6 話そう
7 読もう　　　8 急ごう　　　　9 入ろう
10 出よう　　　11 もらおう　　　12 持とう
13 教えよう　　14 おりよう　　　15 運ぼう

2.
1 休もう　　　2 習おう　　　　3 借りよう
4 しめよう　　5 行こう、しよう

7. 受身の形　P25

1. 1 開けられる　2 とられる　3 たのまれる
   4 おされる　5 わらわれる　6 そだてられる
   7 売られる　8 立たれる　9 すわられる
   10 食べられる　11 すてられる　12 たたかれる
   13 持って こられる　14 注意される　15 見られる
2. 1 しょうたいされ　2 ぬすまれ　3 聞かれ
   4 こわされ　5 建てられ

8. 使役の形　P27

1. 1 書かせる　2 運ばせる　3 走らせる
   4 答えさせる　5 休ませる　6 出させる
   7 手伝わせる　8 待たせる　9 急がせる
   10 食べさせる　11 こまらせる　12 れんしゅうさせる
   13 しらべさせる　14 着させる
2. 1 かたづけさせ　2 わらわせ　3 入らせ
   4 あそばせ　5 来させ

9. 使役受身の形　P29

1. 1 なかされる(なかせられる)　2 持たされる(持たせられる)
   3 読まされる(読ませられる)　4 出させられる
   5 やめさせられる　6 答えさせられる
   7 帰らされる(帰らせられる)　8 買わされる(買わせられる)
   9 およがされる(およがせられる)　10 すわらされる(すわらせられる)
   11 待たされる(待たせられる)　12 つけさせられる
   13 させられる
2. 1 来させられ　2 作らされ(作らせられ)
   3 手伝わされ(手伝わせられ)　4 食べさせられ
   5 行かされ(行かせられ)

実力養成編
第1部　意味機能別の文法形式

1課　P33
れんしゅう1
1 d　2 a
3 b　4 ①a ②c ③e
5 b　6 ①d ②c
7 e

れんしゅう2
1 b　2 b
3 a　4 a
5 b　6 a
7 b　8 a

2課　P35
れんしゅう1
1 言い
2 帰る
3 歩いて いる
4 作って いる
5 終わった
6 来る

れんしゅう2
1 a　2 a
3 b　4 c
5 b　6 c

3課　P37
れんしゅう1
1 ①飲み
　②入り
2 行き
3 手伝おう
4 ①すわり
　②し

れんしゅう2
1 b　2 a
3 b　4 ①b ②b
5 b　6 a

4課　P39
れんしゅう1
1 作れます(作れる)
2 できる
3 思い出せない
4 持って いけます
5 いられます
6 来られます
7 見る
8 入る

れんしゅう2
1 b　2 c
3 b　4 c
5 a　6 b
7 a

5課　P41
れんしゅう1
1 会った
2 考えた
3 乗る
4 ねむれない
5 した
6 する

れんしゅう2
1 b　2 a
3 a　4 a
5 a　6 b
7 b　8 a

まとめ問題(1課〜5課)
P42〜P43

もんだい1
1 4　2 1　3 3
4 3　5 2　6 2

もんだい2
1 3(14_3_2)
2 3(24_3_1)
3 4(32_4_1)

もんだい3
1 2　2 3　3 1
4 1

6課　P45

れんしゅう1
1 食べて
2 あしたで
3 およいで
4 見て
5 しなくて
6 大きくなくて
7 起きなけれ
8 入れなけれ

れんしゅう2
1 b　　2 b
3 a　　4 b
5 a　　6 b
7 b

7課　P47

れんしゅう1
1 ①ほしかったです
　②ほしくない
2 帰り
3 食べ
4 来る
5 おいしい
6 ある

れんしゅう2
1 c　　2 b
3 a　　4 b
5 c　　6 b
7 a

8課　P49

れんしゅう1
1 たおれ
2 ねられ
3 よさ
4 なさ
5 はずかし
6 ざんねん
7 むかしの
8 はいた

れんしゅう2
1 b　　2 a　　3 a
4 a　　5 a　　6 b
7 b　　8 a　　9 b
10 a　　11 a　　12 b
13 a

9課　P51

れんしゅう1
1 学生だ
2 休みな
3 中学生だった
4 よかった
5 できて
6 ふくざつで
7 できなくて
8 かてなくて

れんしゅう2
1 a　　2 a　　3 b
4 b　　5 b　　6 a
7 b　　8 a　　9 b
10 a　　11 a

10課　P53

れんしゅう1
1 見物
2 買い
3 つくる
4 下がる
5 わすれない

れんしゅう2
1 b　　2 b
3 b　　4 c
5 b　　6 c
7 a　　8 a

まとめ問題（1課～10課）

P54～P55

もんだい1
|1| 2　|2| 3　|3| 1
|4| 3　|5| 4　|6| 2

もんだい2
|1| 1（23_1_4）
|2| 3（24_3_1）
|3| 2（13_2_4）

もんだい3
|1| 3　|2| 2　|3| 4
|4| 1

11課　P57

れんしゅう1
1　きれいだ
2　よかった
3　仕事だ
4　下がったり
5　したり

れんしゅう2
1　b　　2　b
3　c　　4　a
5　b　　6　c
7　a　　8　b

12課　P59

れんしゅう1
1　男の子
2　飲まない
3　正しい
4　休みの
5　だめな
6　ほんとうの
7　好き

れんしゅう2
1　a　　2　c
3　c　　4　a
5　a　　6　b
7　①a　②b

13課　P61

れんしゅう1
1　言い
2　持っていった
3　すわない
4　やめない

れんしゅう2
1　b　　2　b
3　a　　4　c
5　b　　6　c
7　b　　8　a

14課　P63

れんしゅう1
1　飲んだ
2　終わらなかった
3　広けれ
4　①かけれ
　　②かけなけれ
5　よけれ
6　午後
7　ある
8　短い

れんしゅう2
1　b　　2　b
3　a　　4　c
5　a　　6　c

15課　P65

れんしゅう1
1　書いた
2　帰った
3　起きた
4　買う
5　作り方
6　休み
7　いたい
8　見た

れんしゅう2
1　c　　2　c
3　a　　4　a
5　b

まとめ問題（1課〜15課）
P66〜P67

もんだい1
[1] 2　[2] 2　[3] 3
[4] 4　[5] 1　[6] 4

もんだい2
[1] 3（24_3_1）
[2] 1（24_1_3）
[3] 2（14_2_3）

もんだい3
[1] 1　[2] 2　[3] 4
[4] 1

16課　P69

れんしゅう1
1　なくて
2　飲んで
3　食べて
4　昼で
5　書いた
6　好きな
7　よかった
8　大学生な

れんしゅう2
1　b　2　a　3　b
4　b　5　a　6　a
7　b　8　b　9　a

17課　P71

れんしゅう1
1　いる／いない
2　寒かった
3　べんりだ
4　いい
5　食べる
6　行った
7　元気

れんしゅう2
1　b　2　a
3　b　4　b
5　a　6　b
7　a

18課　P73

れんしゅう1
1　しよう
2　見よう
3　さがそう
4　とろう
5　休む
6　つづける
7　行かない

れんしゅう2
1　a　2　a　3　b
4　a　5　a　6　b
7　a　8　a　9　b

19課　P75

れんしゅう1
1　ある
2　たいへんだ
3　なる
4　10課までだ
5　いい
6　上手

れんしゅう2
1　b　2　a
3　b　4　a
5　a　6　b
7　a

20課　P77

れんしゅう1
1　少なく
2　色に
3　あまく
4　いそがしく
5　よく
6　上手に
7　読めるように
8　わからなく

れんしゅう2
1　a　2　a　3　b
4　a　5　b　6　①a　②a
7　b　8　b　9　b
10　a　11　a　12　a
13　a　14　b　15　a

まとめ問題（1課～20課）

P78～P79

もんだい1
1　1　2　2　3　3
4　4　5　2　6　2

もんだい2
1　3（2 4 3 1）
2　1（2 4 1 3）
3　4（3 1 4 2）

もんだい3
1　3　2　2　3　1
4　1

21課 P81

れんしゅう1
1 紅茶に
2 買う ことに
3 出かけない ことに
4 飲まない ことに
5 ABC会館に
6 来週の 火曜日に
7 働く ことに

れんしゅう2
1 ①b ②b　2 a
3 b　　　　4 a
5 b　　　　6 a
7 b　　　　8 ①a ②b
9 b　　　　10 a

22課 P83

れんしゅう1
1 飲んで
2 そうじして
3 おいて
4 持って きて
5 見えなく なって

れんしゅう2
1 c　　2 a
3 b　　4 c
5 b　　6 ①c ②a

23課 P85

れんしゅう1
1 見せて
2 しょうたいして
3 教えて
4 とって
5 なおして

れんしゅう2
1 b　　2 c
3 c　　4 ①c ②a
5 ①c ②b　6 ①b ②a

24課 P87

れんしゅう1
1 たのまれ
2 しかられ
3 すてられ
4 まちがえられ
5 来られ
6 とられ
7 知られ

れんしゅう2
1 b　　2 ①b ②c
3 b　　4 a
5 b　　6 c
7 a

25課 P89

れんしゅう1
1 おぼえさせ
2 行かせ
3 わらわせ
4 食べさせ
5 よろこばせ
6 書かされ(書かせられ)
7 来させられ

れんしゅう2
1 b　　2 a
3 c　　4 a
5 c　　6 c
7 b　　8 a

まとめ問題(1課～25課)

P90～P91

もんだい1
①2　②4　③1
④3　⑤4　⑥2

もんだい2
① 1(2 3 1 4)
② 1(2 4 1 3)
③ 3(1 4 3 2)

もんだい3
①2　②4　③1
④3

第2部 文法形式の整理

1課 P95

れんしゅう1
1 に　2 で
3 で　4 ①で ②に
5 ①で ②に
6 ①で ②に ③に
7 ①に ②に　8 ①で ②に
9 ①に ②に　10 ①に ②で

れんしゅう2
1 b　2 a　3 a
4 a　5 b　6 a
7 b　8 a　9 b
10 b

2課 P97

れんしゅう1
1 ①を ②と　2 を
3 と　4 ①を ②と
5 を　6 と
7 を　8 と
9 を

れんしゅう2
1 b　2 a　3 b
4 a　5 b　6 b
7 b　8 b　9 a
10 a

3課 P99

れんしゅう1
1 も　2 も
3 ×　4 も
5 しか　6 ×
7 も　8 しか
9 も　10 ×

れんしゅう2
1 a　2 b
3 b　4 a
5 b　6 a
7 b

4課 P101

れんしゅう1
1 だけ　2 だけ
3 でも　4 だけ
5 ①だけ ②でも
6 でも　7 でも
8 だけ　9 だけ
10 ①だけ ②でも

れんしゅう2
1 b　2 b
3 b　4 a
5 b　6 b
7 a　8 a

5課 P103

れんしゅう1
1 が　2 は
3 ①が ②は　4 が
5 ①が ②は　6 ①が ②が

れんしゅう2
1 a　2 a
3 b　4 b
5 b　6 a

まとめ問題(1課〜5課) P104〜P105

もんだい1
①4　②1　③2
④1　⑤2　⑥3

もんだい2
①4（3 1 4 2）
②2（1 3 2 4）
③3（4 2 3 1）

もんだい3
①2　②4　③3
④1

6課 P107

れんしゅう1
1 の
2 こと
3 こと
4 ①の ②の
5 こと
6 の
7 の
8 の

れんしゅう2
1 b　2 a
3 b　4 a
5 c　6 c
7 a

7課 P109

れんしゅう1
1 立って
2 考えないで
3 入れて
4 しないで
5 はかないで
6 開けて
7 切って
8 歌って

れんしゅう2
1 a　2 a　3 a
4 b　5 a　6 b
7 a　8 a　9 a
10 b　11 ①a ②a
12 b

8課 P111

れんしゅう1
1 b　2 a
3 b　4 a
5 a　6 b
7 b　8 a
9 b　10 b

れんしゅう2
1 ①しめ ②出
2 ①けさ ②出
3 ①おち ②こわれ
4 ①こわし ②なおし
5 ①始まる ②起き
6 ①始め ②つづけ

9課 P113

れんしゅう1
1 読んで
2 行って
3 教えて
4 飲んで
5 買って
6 入れて

れんしゅう2
1 c　2 a
3 b　4 a
5 b　6 c
7 a　8 a

10課 P115

れんしゅう1
1 にげて
2 あらって
3 なって
4 働いて
5 入れて
6 おりて

れんしゅう2
1 c　2 b
3 b　4 b
5 c　6 a
7 a　8 c

まとめ問題（1課〜10課）
P116〜P117

もんだい1
1 4　2 1　3 1
4 3　5 3　6 2

もんだい2
1 2(4 3 _1_ 1)
2 1(3 4 _1_ 2)
3 4(3 2 _4_ 1)

もんだい3
1 4　2 3　3 2
4 1

11課　P119

れんしゅう1

1　ここ
2　①その　②ここ
3　①この　②それ
4　あの
5　①あそこ
　　②この　③あの

れんしゅう2

1　①c　②a
2　a
3　①b　②c
4　b

12課　P121

れんしゅう1

1　b　　2　a
3　b　　4　b
5　a　　6　a
7　b　　8　①b　②a
9　①a　②b

れんしゅう2

1　a　　2　b
3　a　　4　a
5　b

13課　P123

れんしゅう1

1　a　　2　①b　②a
3　b　　4　a
5　a　　6　b
7　b　　8　b
9　a　　10　a

れんしゅう2

1　a　　2　b
3　a　　4　b
5　a　　6　b
7　b　　8　a
9　a　　10　b

14課　P125

れんしゅう1

1　し
2　飲み
3　あま
4　むずかし
5　まじめ
6　運び
7　食べ
8　書き
9　とり
10　まちがえ

れんしゅう2

1　b　　2　b
3　a　　4　b
5　b　　6　b
7　a　　8　b
9　b

15課　P127

れんしゅう1

1　休み
2　魚つり
3　かたづけ
4　よさ
5　①大きさ　②重さ
6　大切さ
7　通う
8　来た
9　じゆうに
10　長く

れんしゅう2

1　b　　2　c
3　a　　4　c
5　c　　6　b
7　a

まとめ問題（1課～15課）

P128～P129

もんだい1

|1|　1　|2|　2　|3|　3
|4|　3　|5|　2　|6|　4

もんだい2

|1|　1（3 2 <u>1</u> 4）
|2|　3（4 1 <u>3</u> 2）
|3|　3（1 4 <u>3</u> 2）

もんだい3

|1|　2　|2|　1　|3|　3
|4|　4

模擬試験

P132〜P135

もんだい1

1	2	2	1	3	3
4	2	5	4	6	2
7	1	8	1	9	3
10	4	11	2	12	4
13	1	14	4	15	3

もんだい2

16	4(3 1 4 2)
17	3(4 1 3 2)
18	1(4 2 1 3)
19	2(4 1 2 3)
20	1(4 2 1 3)

もんだい3

| 21 | 1 | 22 | 4 | 23 | 2 |
| 24 | 2 | 25 | 3 |